레전드

하루 3분
일본어

레전드

하루 3분 일본어

초판 발행	2023년 3월 2일
초판 인쇄	2023년 2월 20일

지은이	권선욱 · 김수열
감수	이와모토 노부토 (岩本暢人)
기획	김은경
편집	이지영 · 김정희
디자인	IndigoBlue
그림	김도사
강의	에이토쿠 에리 (栄徳恵梨)
영상	자우스 스튜디오

발행인	조경아		
총괄	강신갑		
발행처	랭귀지북스		
등록번호	101-90-85278	등록일자	2008년 7월 10일
주소	서울시 마포구 포은로2나길 31 벨라비스타 208호		
전화	02.406.0047	팩스	02.406.0042
이메일	languagebooks@hanmail.net		
MP3 다운로드	blog.naver.com/languagebook		

ISBN	979-11-5635-196-2 (13730)
값	15,000원

ⓒLanguageBooks, 2023

오늘부터 쉽게! 즐겁게! 만만하게!
다시 시작하는 **하루 3분 일본어**

핵심을 짚어 주는 원포인트 일본어!

일본어는 간단한 단어로 쉽게 말하면 됩니다. 일상에서 많이
쓰는 일본어 단어만으로 충분히 일본인과 대화가 가능합니다.
다양한 상황에서 소통할 수 있도록 주제별로 포인트가 될
일본어 단어만을 꼭 짚어 알려 드립니다.

3분 해설 강의로 보고 듣는 일본어!

일본어는 어렵게 공부하면 바로 질립니다. 꾸준히 할 수 있는
하루 학습량이 중요한데, 에리 쌤의 해설 강의를 딱 3분만
즐겨 보세요. 매일, 조금씩, 부담 없이 하다 보면, 어느 순간
일본어가 들리고 말도 하게 됩니다.

바로 보고 이해하는 그림 일본어!

일본어는 문자만 봐도 어려울 수 있는데, 아무리 쉬운 단어도
막상 외우려면 머리가 아픕니다. 그림을 통해 상황을 연상하며,
일본어로 말해 보세요. 직관적으로 이해하면 기억에 오래
남습니다.

〈레전드 **하루 3분 일본어**〉 책과 강의를 통해,
일본어가 만만해지길 바랍니다!

저자 권선욱 · 김수열

☐ 이 책의 특징

1
상황별 카툰

카페에서 주문하는 내용부터
여행, 응급 상황까지 카툰으로
표현하여, 직관적으로 단어와
회화를 익힐 수 있습니다.
그림과 함께 더 쉽고 재미있게
공부해 보세요.

2
한글 발음 & 해석

일본어를 보고 바로 읽을 수
있도록, 일본어 문장 아래에
한글 발음을 표기하였습니다.
하단에 해석이 있어, 해당 페이지
안에서 읽고 의미를 이해하며,
동시에 말하는 연습이 가능합니다.

3

실전 회화 & 문화 Tip

저자가 일본 여행과 현지
생활에서 직접 익힌 회화와
문화 정보를 소개합니다.
쉬운 단어로 일본인과
소통하는 방법, 처음 접하는
상황에서 일본어로 대처할 수
있는 팁을 알려 드립니다.

필수! 음식점 예약

• 주말 저녁 도심에서의 저녁 식사는 예약이 필수

도쿄 등 도심에서 유명한 식당은 항상 붐비기 때문에 식사를 위해
30분~1시간 정도 기다려야 합니다. 심지어 예약을 하지 않은 손님은
아예 받지 않는 곳도 있습니다. 줄을 서는 게 싫거나 계획적으로
움직이고 싶으면 본문을 참고하여 전화로 예약하거나, 호텔 직원에게
예약을 부탁해 보세요.

• 예약을 취소하고 싶을 때

予約をキャンセルしたいんですが。 요야꾸오 칸세루 시따인데스가
예약을 취소하고 싶습니다라고 하면 됩니다. 일부 고급 음식점을 제외하고
대부분 위약금 없이 취소할 수 있습니다.

• 일본 최대의 음식점 정보 사이트, 타베로그 食べログ

일본 내 대부분의 음식점 정보를 확인할 수 있는 사이트인 '타베로그'를
이용하면 인터넷(모바일)에서도 음식점 예약이 가능합니다.
단, 전화 예약과는 달리 당일 예약은 불가능하므로 최대한 여유를 가지고
검색하는 것이 좋습니다.

カフェラテください。

YouTube

Blog

blog.naver.com/**languagebook**

www.youtube.com

유튜브와 블로그에서
〈하루 3분 일본어〉를 검색하세요.

4

동영상 강의

책에 있는 본문과 그림, 최신 현지
정보와 경험담이 있는 해설 강의입니다.
각 3분 내외로 부담 없이 익혀 보세요.

—

주제별 해설 강의는 랭귀지북스 유튜브 채널과
블로그에서 무료로 제공합니다.

5

본문 회화 MP3

원어민 전문 성우가 정확한 발음으로
녹음한 본문 회화와 해설 강의
MP3를 다운로드하여, 자주 듣고
따라 하며 일본어 실력을 높여 보세요.

□ 차례

3

쇼핑
お買い物

4

교통
交通

5

문화 생활
文化生活

6

여행
観光

7

일상 & 응급
日常＆緊急

8

기초 표현
基本表現

표현 베스트 11

1
こんにちは。
콘니찌와.

안녕하세요.

2
ありがとうございます。
아리가또- 고자이마스.

감사합니다.

3
しつれい
失礼します。
시쯔레-시마스.

실례합니다.

4
すみません。
스미마셍.

죄송합니다.

5
いくらですか?
이꾸라데스까?

얼마예요?

10

6

これは何ですか?
코레와 난데스까?

이건 뭐예요?

7

これ、ください。
코레, 쿠다사이.

이거 주세요.

8

お願いします。
오네가이시마스.

부탁합니다.

9

助けてください。
타스께떼 쿠다사이.

도와주세요.

10

日本語ができません。
니홍고가 데끼마셍.

일본어를 못합니다.

11

私は韓国から来ました。
와따시와 캉꼬꾸까라 키마시따.

한국에서 왔습니다.

등장인물

A   Ai 愛^{あい} 아이

J   Jin 仁^{じん} 진

 C   Cashier   キャッシャー 계산원
캿샤-

 Crew   乗務員^{じょうむいん} 승무원
죠-무잉

 Customs officer   税関職員^{ぜいかんしょくいん} 세관원
제-깡 쇼꾸잉

 W   Waiter   ウェイター 남자 종업원
웨이타-

 Waitress   ウェイトレス 여자 종업원
웨이토레스

Woman   女の人^{おんな ひと} 여자
온나노 히또

12

B Bartender

バーテンダー 바텐더

바-텐다-

P Passerby

路人 행인

ろじん

로징

Policeman

警察官 경찰관

けいさつかん

케-사쯔깡

Pharmacist

薬剤師 약사

やくざいし

야꾸자이시

S Staff

スタッフ 직원

스탑후

T Ticket officer

チケット店員 매표원

てんいん

치켓토 텡잉

D Driver

ドライバー 운전기사

도라이바-

G Guard

ガードマン 보안 직원

가-도망

I Immigration officer

入国管理官 입국 심사 직원

にゅうこくかんりかん

뉴-꼬꾸 칸리깡

F Flight Information

フライト・インフォメーション

후라이토 잉호메-숑 항공기 운항 정보

N Nurse

看護婦 간호사

かんごふ

캉고후

13

1

맛집
飲食店

A: 카페라테 주세요.

C: 사이즈는요? / A: 작은 거요. (중간/ 큰)

C: 다른 건요? / A: 괜찮아요.

こちらで
お召し上がりですか?
코찌라데 오메시아가리데스까?

いいえ、
もちかえります。
이-에, 모찌까에리마스.

はい、ここでたべます。
하이, 코꼬데 타베마스.

お名前は?
오나마에와?

愛です。
아이데스.

C: 여기서 드실 건가요? /
A: 아니요, 가져갈 거예요.
(네, 여기서 먹을 거예요.)

C: 성함이? / A: 아이입니다.

Tip. 메뉴에 없는 걸 시키고 싶어요.

일본 카페에는 메뉴 외에도 상세 메뉴가
주문대 앞이나 테이블 등에 비치되어 있으니
다른 메뉴를 주문할 때 참고하세요.

[**카페 메뉴** カフェメニュー 카훼메뉴-]

- 本日のコーヒー 혼지쯔노 코-히- 오늘의 커피

- アメリカーノ 아메리카-노 아메리카노

- エスプレッソ 에스프렛소 에스프레소

- カプチーノ 카프치-노 카푸치노

- モカラテ 모카라테 모카라테

- カフェラテ 카훼라테 카페라테

- バニララテ 바니라라테 바닐라라테

- ヘーゼルナッツラテ 헤-제루낫츠라테 헤이즐넛라테

- ホットチョコレート 홋토쵸코레-토 핫초콜릿

- キャラメルマキアート 캬라메루마키아-토 캐러멜마키아토

- アールグレイ 아-루그레이 얼그레이

- チャイティー 챠이티- 차이티

- 抹茶フラペチーノ 맛쨔 후라페치-노 말차 프라푸치노

➥ 종업원이 주문을 받을 때

따뜻하게요 차갑게요?

ホットですか? アイスですか?

홋토데스까? 아이스데스까?

➥ 아이스커피가 메뉴에 없을 때

얼음 좀 주세요.

氷をください。

코―리오 쿠다사이.

커피에 얼음 넣어 주세요.

コーヒーに氷を入れてください。

코―히―니 코―리오 이레떼 쿠다사이.

➥ 요청 사항이 있을 때

샷 추가 부탁해요.

ショット追加お願いします。

숏토 츠이까 오네가이시마스.

_ ホルダー 호루다― 컵 홀더

_ ローファットミルク 로―홧토 미루쿠 저지방 우유

_ リフィル 리휘루 리필

휘핑크림 없이 주세요.

クリームなしでお願いします。

쿠리―무나시데 오네가이시마스.

A: 한 명이요. (두 명/ 세 명/ 네 명) / W: 잠시만요. 이쪽입니다.

W: 음료는요? / A: 괜찮아요.

W: 주문하시겠어요? / A: 아직이요.

A: 저기요!

A: 이거 주세요.

W: 여기 있습니다. / A: 감사합니다.
W: 어떠세요? / A: 맛있어요.

W: 치워 드릴까요? / A: 네.

W: 더 필요한 거 없으세요? / A: 괜찮아요. 계산해 주세요.

朝食スペシャル

쵸-쇼꾸 스페샤루

아침 식사 스페셜

全てのスペシャルメニューにはジュース、コーヒー、お茶がつきます。

스베떼노 스페샤루 메뉴-니와 쥬-스, 코-히-, 오쨔가 츠끼마스.

모든 스페셜 메뉴에는 주스, 커피 또는 차가 나옵니다.

・アメリカンブレックファースト 아메리캉 브렉쿠화-스토

아메리칸 브렉퍼스트　　　　　　　　　　　　　　　1000円 셍엥

お好みの料理を選択。

(卵ふたつとフライドポテト。ベーコン、ハム、ソーセージのうちひとつ)

오꼬노미노 료-리오 센따꾸.

(타마고 후따쯔또 후라이도 포테토. 베-콩, 하무, 소-세-지노 우찌 히또쯔)

좋아하는 요리를 선택.

(달걀 두 개, 감자튀김. 베이컨, 햄, 소시지 중 하나)

・コンティネンタルブレックファースト 콘티넨타루 브렉쿠화-스토

콘티넨탈 브렉퍼스트　　　　　　　　　　　　　　1100円 셍햐꾸엥

マフィン、クロワッサンまたはトースト。 마휑, 쿠로왓상 마따와 토-스토.

머핀, 크루아상 또는 토스트.

・パンケーキ 팡케-키 팬케이크　　　　　1200円 센니햐꾸엥

シロップ、バター、ベリー類。 시롭푸, 바타-, 베리-루이.

시럽, 버터, 베리류.

・オムレツ 오무레츠 오믈렛　　　　　1000円 셍엥

ほうれん草、玉ねぎ、チーズ。 호-렌소-, 타마네기, 치-즈.

시금치, 양파, 치즈.

24

+ 추가 표현 +

➜ 뭐 먹을지 고민될 때

추천 메뉴가 뭐예요?

おすすめは何ですか?

오스스메와 난데스까?

저 사람들이 먹는 거 뭐예요? (테이블을 가리키며)

あの人たちの食べているものは何ですか?

아노 히또따찌노 타베떼이루 모노와 난데스까?

➜ 사이드 메뉴

계란은 어떻게 해 드려요?

卵はいかがなさいますか?

타마고와 이까가나사이마스까?

_ 固ゆでで 카따유데데 완숙으로
_ 半熟で 한쥬꾸데 반숙으로

_ スクランブルで 스쿠람브루데 스크램블로

감자는 어떻게 해 드려요?

ポテトはいかがなさいますか?

포테토와 이까가나사이마스까?

_ フライドポテトで 후라이도 포테토데 감자튀김으로

_ マッシュポテトで 맛슈 포테토데 메시드 포테이토로

_ ハッシュドポテトで 핫슈도 포테토데 해시브라운 감자로

25

いらっしゃいませ。
空いている席へどうぞ。

이랏샤이마세. 아이떼이루 세끼에 도-조.

お願いします。

오네가이시마스.

はい、どうぞ。

하이, 도-조.

唐揚げ定食ひとつください。

카라-게 테-쇼꾸 히또쯔 쿠다사이.

かしこまりました。

카시꼬마리마시따.

W: 어서 오세요. 빈자리에 앉으세요.

J: 여기요. / W: 네, 말씀하세요.

J: 가라아게 정식 하나 주세요. /
W: 알겠습니다.

Tip. '가라아게 唐揚げ'란?

고기, 해산물, 채소 등에 전분가루를
묻혀 튀긴 음식을 의미하는데, 보통
닭고기로 만든 요리를 말합니다.

26

[정식집 메뉴 定食屋のメニュー 테-쇼꾸야노 메뉴-]

- 日替わり 히가와리 오늘의 메뉴

- 生姜焼き 쇼-가야끼 쇼가야키(돼지 생강 구이)

- カレーライス 카레-라이스 카레라이스

- とんかつ 통까쯔 돈가스

- ハンバーグ 함바-그 햄버그스테이크

- 焼き魚 야끼자까나 생선구이

- 刺身 사시미 회

- 親子丼 오야꼬동 달걀 치킨 덮밥

- カツ丼 가츠동 돈가스 덮밥

- 天丼 텐동 튀김 덮밥

- サラダ 사라다 샐러드

- 味噌汁 미소 시루 된장국

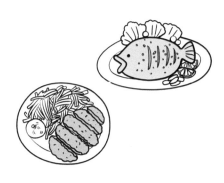

W: 어서 오세요. / A: 안녕하세요.

W: 이쪽에 앉으세요. / A: 감사합니다.

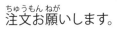

注文お願いします。

츄-몽 오네가이시마스.

きつねうどんひとつください。

키쯔네우동 히또쯔 쿠다사이.

はい、他には?

하이, 호까니와?

コーラをお願いします。

코-라오 오네가이시마스.

A: 주문할게요.

A: 유부우동 하나 주세요.

W: 네, 다른 거는요? / A: 콜라 주세요.

[우동 메뉴 うどんメニュー 우동 메뉴-]

- かけうどん 카께우동 가케우동
  (면에 육수를 붓고 취향에 따라 다진 파 등을 넣어 먹는 기본 우동)

- 肉うどん 니꾸우동 고기우동

- 天ぷらうどん 템뿌라우동 튀김우동

- わかめうどん 와까메우동 미역우동

- ざるうどん 자루우동 자루우동
  (소쿠리에 올린 삶은 우동면을 육수에 찍어 먹는 우동)

- きつねうどん 키쯔네우동 유부우동

- カレーうどん 카레-우동 카레우동

- 焼きうどん 야끼우동 볶음우동

Tip. 소바(そば) 메뉴

가케소바(かけそば), 자루소바(ざるそば), 유부소바(きつねそば)와 같이
우동면 대신 소바면으로 바뀌며, 조리법은 같습니다.

[토핑 메뉴 トッピングメニュー 톱핑구 메뉴-]

- 揚げ玉 아게따마 튀김 부스러기

- ちくわ天 치꾸와뗑 어묵튀김

- 納豆 낫또- 낫토

- 玉子 타마고 달걀

- 温泉玉子 온센 타마고 반숙달걀

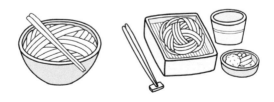

Tip. 우동과 소바의 차이?

일반적으로 메밀 가루가 80% 이상 함유된 면을 소바라고 합니다.
그에 비해 우동은 소맥분과 식염, 물이 주원료입니다.

おすすめありますか?

오스스메 아리마스까?

「季節のセット」
おすすめですよ。

「키세쯔노 셋또」 오스스메데스요.

それをふたつください。

소레오 후따쯔 쿠다사이.

お飲み物は
いかがですか?

오노미모노와 이까가데스까?

生ビールを
ふたつください。

나마비-루오 후따쯔 쿠다사이.

J: 추천 메뉴 있어요? / W: '계절 세트'를 추천합니다. /
J: 그거 두 개 두세요.

W: 음료는 어떻게 하시겠어요? / J: 생맥주 두 잔 주세요.

32

+ 추가 표현 +

- ネタ 네타 (초밥의) 재료

- サビぬき 사비누끼 초밥에 들어가는 와사비를 뺄 수 있음

- シャリ 샤리 (초밥의) 밥
  (밥 적게 シャリ少め 샤리스꾸나메, 밥 많게 多め 오-메 등으로 주문해 봅시다.)

- アガリ 아가리 입가심
  (초밥을 먹을 때마다 녹차를 한 모금 마시면 다음 생선의 맛을 더 잘 느낄 수 있습니다.)

- ラッキョウ 락쿄- 염교 절임

- ガリ 가리 생강 초절임
  (ガリ와 ラッキョウ는 초밥을 먹을 때 깔끔한 입맛을 위해 곁들여 먹습니다.)

Tip. 메뉴를 봐도 잘 모르겠다면?
종류가 많아 어떤 걸 고를지 고민될 때가 많은데요.
본문과 같이 메뉴의 추천 세트 메뉴 등을 고르거나,
점원에게 'おまかせで。오마까세데(주방장 추천으로)'라고 해 봅시다.
그만 먹겠다는 의사를 표현할 때까지 추천 메뉴를 계속 내어 줍니다.
단, 가게의 고급 메뉴 위주로 나오기 때문에 예산에 주의하세요.

C: 무엇으로 하시겠어요? / J: 치즈버거 주세요.

C: 세트 메뉴 어떠세요? / J: 아니요.

お飲み物は?
오노미모노와?

コーラください。
코ー라 쿠다사이.

スプライト/ オレンジジュース/ お水
스프라이토 오렌지 쥬ー스 오미즈

サイドメニューは?
사이도 메뉴ー와?

アップルパイください。
압프루 파이 쿠다사이.

5分かかります。
고훙 카까리마스.

はい。
하이.

C: 음료는요? / J: 콜라 주세요. (사이다/ 오렌지 주스/ 물)

C: 사이드 메뉴는요? / J: 애플파이 주세요.

C: 5분 걸려요. / J: 네.

お持ち帰りですか?
오모찌까에리데스까?

ここで食べます。
코꼬데 타베마스.

750円です。
나나햐꾸고쥬─엔데스.

カードでお願いします。
카─도데 오네가이시마스.

750円

デビットカード /
데빗토 카─도

現金 겡낑

お飲み物は
セルフサービスです。
오노미모노와 세르후사비스데스.

Coke Sprite Orange Diet Coke

C: 가져가실 건가요? / J: 여기서 먹어요.

C: 750엔입니다. / J: 신용카드로 할게요. (체크카드/ 현금)

C: 음료는 셀프서비스입니다.

+ 추가 표현 +

➜ 세트 메뉴 주문할 때

1번 콤보(세트)로 주세요.

コンボメニュー1ください。

콤보 메뉴- 이찌 쿠다사이.

Tip. 주문이 어려우면, 주문대에서 세트 메뉴 사진을 보고 고른 후 번호로 말하세요.

빅맥 세트 주세요.

ビックマックセットください。

빅쿠막쿠 셋또 쿠다사이.

라지로 주세요.

ラージでお願いします。

라-지데 오네가이시마스.

➜ 기타 주문 요청

버거를 반으로 잘라 주시겠어요?

バーガーを半分に切ってもらえますか?

바-가-오 함분니 킷떼모라에마스까?

양파 빼 주세요.

オニオンぬきでお願いします。

오니옹 누끼데 오네가이시마스.

37

何を食べますか?
나니오 타베마스까?

ステーキとワイン。
스테-키또 와잉.

わかりました。
すみません!
와까리마시따. 스미마셍!

はい、どうぞ。
하이, 도-조.

ミックスサラダひとつと
ステーキふたつお願いします。
믹쿠스 사라다 히또쯔또
스테-키 후따쯔 오네가이시마스.

J: 뭐 먹을 거예요? / A: 스테이크와 와인이요.

J: 알겠어요. 저기요!

W: 네, 주문하세요. / J: 믹스 샐러드 하나랑 스테이크 두 개 주세요.

W: 드레싱은요? / J: 뭐 있어요?

W: 시저, 프렌치, 일본식 드레싱
   있어요. /

J: 일본식 드레싱 주세요.

Tip. '일본식 드레싱 和風ドレッシング'?

간장을 기본으로 식초, 오일을 섞고
양파 등 채소를 다져 넣어 만든 소스로,
일식당에서 샐러드에 흔히 곁들여 나옵니다.

焼きかげんは?
야끼 카겐와?

ミディアムレアで。
미디아무 레아데.

私も。
와따시모.

レア 레아 /
ミディアム 미디아무 /
ミディアムウェルダン /
미디아무 웨루당
ウェルダン 웨루당

他には?
호까니와?

ハウスワインをグラスでふたつ。
하우스 와잉오 그라스데 후따쯔.

W: 굽기 정도는요? /
J: 미디엄 레어로요. (레어/ 미디엄/
미디엄 웰던/ 웰던) / A: 저도요.

W: (주문) 다른 건요? /
J: 하우스 와인 두 잔이요.

Tip. 스테이크 굽기 선택!

미디엄 레어(ミディアムレア 약간 덜 익힌)나
미디엄(ミディアム 알맞게 익힌)으로
주문하면, 육즙이 살아 있는 스테이크를
즐길 수 있습니다.

赤ですか、白ですか?
아까데스까, 시로데스까?

赤で.
아까데.

おかわりはいかがですか?
오까와리와 이까가데스까?

いいえ、
けっこうです。
이-에, 켁꼬-데스.

デザートはいかがですか?
데자-토와 이까가데스까?

大丈夫です。
다이죠-부데스.

W: 레드요? 화이트요? / J: 레드요.

W: 더 하시겠어요? / A: 아니요, 됐어요.

W: 디저트 하시겠어요? / A: 괜찮아요.

Tip. 와인을 고르기 힘들 때!

종류가 다양해 고르기 어렵다면,
'하우스 와인(ハウスワイン)'을
주문하세요. 음식점에서 저렴하게
파는 보통 등급의 와인입니다.

+ 추가 표현 +

→ 웨이터에게 필요한 것을 요청할 때

<u>소금</u> 있어요?

塩はありますか?
_{しお}

시오와 아리마스까?

_ ペッパー 펩파- 후추
_ 砂糖 사또- 설탕
_{さとう}
_ ドリンクメニュー 도링크 메뉴- 음료 메뉴
_ お箸 오하시 젓가락
_{はし}
_ 取り皿 토리자라 앞 접시
_と_{ざら}

→ 음식이 안 나오거나 남았을 때

(음식은) 아직인가요?

まだですか?

마다데스까?

(남은 음식) 가져갈 수 있어요?

お持ち帰りできますか?
_も_{かえ}

오모찌까에리 데끼마스까?

→ 음식이 나오고 먹기 전에

맛있게 드세요!

お召し上がりください!
_め_あ

오메시아가리 쿠다사이!

42

➜ 각자 계산할 때

계산서를 따로 해 주세요.
別会計でお願いします。
べつかいけい　　　　ねが
베쯔 카이께-데 오네가이시마스.

➜ 메뉴에 들어가는 재료가 궁금해!

_ お肉 오니꾸 육류
　にく
_ 牛肉 규-니꾸 소고기
　ぎゅうにく
_ 豚肉 부따니꾸 돼지고기
　ぶたにく
_ チキン 치킹 닭고기

_ ラム 라무 양고기

_ サロイン 사로잉 등심

_ テンダーロイン 텐다-로잉 안심

_ リブ/スペアリブ 리브/스페아 리브 갈빗살

_ シーフード 시-후-도 해산물

_ いか 이까 오징어

_ かに 카니 게

_ えび 에비 새우

_ 貝 카이 조개
　かい
_ 牡蠣 카끼 굴
　かき
_ ツナ 츠나 참치

_ サーモン 사-몽 연어

すみません。おすすめの日本酒二合と
焼き鳥5本盛り合わせください。

스미마셍. 오스스메노 니혼슈 니고-또
야끼또리 고홍 모리아와세 쿠다사이.

熱燗と冷酒がありますが。

아쯔깐또 레-슈가 아리마스가.

熱燗でお願いします。

아쯔깐데 오네가이시마스.

J: 여기요. 추천 사케 두 홉이랑 닭꼬치 모듬
  5개 주세요.

W: 따뜻하게 데운 것과 찬 것이 있습니다만. /
A: 따뜻하게 데운 것으로 주세요.

Tip. 홉

홉은 사케 주문 단위로
약 180㎖입니다.

44

[이자카야 메뉴 居酒屋メニュー 이자까야 메뉴-]

- 焼き鳥 야끼또리 닭꼬치

- 枝豆 에다마메 에다마메(삶은 풋콩)

- 塩キャベツ 시오 캬베츠 소금과 참기름으로 간을 한 양배추

- ポテトサラダ 포테토 사라다 감자 샐러드

- 鳥唐揚げ 토리 카라-게 순살 닭튀김

- タコ唐揚げ 타코 카라-게 문어 튀김

- ポテトフライ 포테토 후라이 감자 튀김

- だし巻き玉子 다시마끼 타마고 (일본식) 계란말이

- 焼きおにぎり 야끼 오니기리 구운 주먹밥

- 焼きそば 야끼 소바 볶음면

- お茶漬け 오쨔즈께 녹차에 말은 밥(다양한 부재료를 넣기도 함)

- 焼き鳥盛り合わせ 야끼또리 모리아와세 닭꼬치 모듬

- 久保田 쿠보따 구보다(일본 술 브랜드)

- 十四代 쥬-욘다이 십사대(일본 술 브랜드)

- 梅酒 우메슈 매실주

生ビールありますか?

나마비-루 아리마스까?

あります。

아리마스.

瓶ビール

빔비-루

黒ビールもありますが。

쿠로 비-루모 아리마스가.

黒ビールで。

쿠로 비-루데.

J: 생맥주 있어요? (병맥주) / B: 네.

B: 흑맥주도 있습니다만. / J: 흑맥주로요.

46

A: 칵테일은 어떤 게 있어요? / B: 메뉴가 있어요.

A: 모히토 주세요. / B: 알겠습니다.

ビールお代わり
ください。
비-루 오까와리 쿠다사이.

これは私がお会計します。
코레와 와따시가 오까이께-시마스.

私がおごりますよ。
와따시가 오고리마스요.

ありがとうございます。
아리가또- 고자이마스.

カンパイ!
캄파이!

J: 맥주 한 잔 더 주세요. / A: 이건 내가 계산할게요.

J: 내가 낼게요. / A: 고마워요.

J & A: 건배!

48

[칵테일 메뉴 カクテルメニュー 카쿠테루 메뉴-]

• モヒート 모히-토 모히토

= ライム 라이무 + ミント 민토 + ラム 라무

= 라임 + 민트잎 + 럼

• マルガリータ 마루가리-타 마가리타

= ライム 라이무 + テキーラ 테키-라 + 塩 시오

= 라임 + 테킬라 + 소금

Tip. 잔 가장자리에 소금이 묻어 나옵니다.

• ホワイトロシアン 호와이토 로시앙 화이트 러시안

= ウォッカ 웍카 +

カルーア 카루-아(コーヒーリキュール 코-히- 리큐-루) +

ミルクまたは生クリーム 미르쿠 마따와 나마 쿠리-무

= 칼루아(커피 혼성주) + 우유 또는 생크림

• ジャックコーク 쟉쿠 코-라 잭콕

= ジャックダニエル 쟉쿠 다니에루(ウィスキー 위스키) + コーラ 코-라

= 잭 다니엘(위스키) + 콜라

〈 온라인 예약 〉

- 予約する 요야꾸스루

  예약하기

↓

- 日付 히즈께 / 時間 지깡 / 人数 닌주–

  날짜 / 시간 / 인원수

📅 2023-11-11	🕐 18:00	👤 4

- お名前 _{なまえ} 오나마에 / ふりがな 후리가나 /
連絡先 _{れんらくさき} 렌라꾸사끼 / メールアドレス 메-루 아도레스

이름 / 후리가나(한자 발음 표기) / 연락처 / 이메일 주소
- その他 _{ほか} 소노 호까 기타

じん	キム
+82-10-1111-1111	abcd@gmail.com

↓

- 予約完了 _{よやく かんりょう} 요야꾸 칸료-
예약 완료

↓

- 予約確認 _{よやく かくにん} 요야꾸 카꾸닝
예약 확인

〈 예약 없이 〉

W: 예약했어요? / A: 아니요.

W: 지금은 만석입니다. / A: 기다리겠습니다.

W: 테이블석인가요? 카운터석인가요? / A: 테이블석으로요.

A: 얼마나 기다려야 해요? / W: 30분 정도요.

필수! 음식점 예약

- **주말 저녁 도심에서의 저녁 식사는 예약이 필수**

  도쿄 등 도심에서 유명한 식당은 항상 붐비기 때문에 식사를 위해
  30분~1시간 정도 기다려야 합니다. 심지어 예약을 하지 않은 손님은
  아예 받지 않는 곳도 있습니다. 줄을 서는 게 싫거나 계획적으로
  움직이고 싶으면 본문을 참고하여 전화로 예약하거나, 호텔 직원에게
  예약을 부탁해 보세요.

- **예약을 취소하고 싶을 때**

  '予約をキャンセルしたいんですが。 요야꾸오 칸세루 시따인데스가.
  (예약을 취소하고 싶습니다만.)'라고 하면 됩니다. 일부 고급 음식점을 제외하고
  대부분 위약금 없이 취소할 수 있습니다.

- **일본 최대의 음식점 정보 사이트, 타베로그 食べログ**

  일본 내 대부분의 음식점 정보를 확인할 수 있는 사이트인 '타베로그'를
  이용하면 인터넷(모바일)에서도 음식점 예약이 가능합니다.
  단, 전화 예약과는 달리 당일 예약은 불가능하므로 최대한 여유를 가지고
  검색하는 것이 좋습니다.

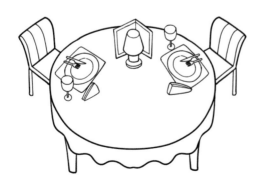

〈 일본의 유명 식당 체인점 〉

・덮밥 등 간편식

吉野家 요시노야 / すき家 스끼야 / 松屋 마쯔야

・회전 초밥

スシロー 스시로 / はま寿司 하마스시 / くら寿司 쿠라스시

・고기구이

牛角 규-까꾸 / 焼肉きんぐ 야끼니꾸 킹구

・패밀리 레스토랑

ガスト 가스토 / COCO'S 코코스 / サイゼリヤ 사이제리야

・기타

大戸屋 오-또야 (일본 가정식) / 丸亀製麺 마루가메 세-멩 (유명 우동 체인)

55

2

휴대폰
携帯電話
けいたい でんわ

シムカードを
買(か)いたいんですが。

시무카-도오 카이따인데스가.

はい、プランを
選(えら)んでください。

하이, 프랑오 에란데 쿠다사이.

十日(とおか)くらい
使(つか)いたいんですが、
おすすめはありますか?

토-까꾸라이 츠까이따인데스가,
오스스메와 아리마스까?

こちらはいかがですか?
制限(せいげん)なしの
お得(とく)なプランですよ。

코찌라와 이까가데스까?
세-겐나시노 오또꾸나 프란데스요.

一週間(いっしゅうかん) 잇슈-깡 /

10日

一ヶ月間(いっかげつかん) 익까게쯔깡

Y! mobile

J: 심카드를 사고 싶습니다만. / C: 네, 요금제를 골라 주세요.

J: 열흘 정도 사용하려는데, 추천해 주시겠어요? (한 주/ 한 달) /
C: 이거 어떠세요? 무제한 요금제입니다.

いくらですか?
이꾸라데스까?

6000円です。
록셍엔데스.

6000円

それをください。
소레오 쿠다사이.

かしこまりました。
身分証をお願いします。
카시꼬마리마시따.
미분쇼-오 오네가이시마스.

대한민국 여권
REPUBLIC OF KOREA
PASSPORT

J: 얼마예요? / C: 6천 엔입니다.

J: 그걸로 할게요. /
C: 알겠습니다. 신분증 주세요.

Tip. 일본에서 휴대폰을 사용하려면?

심카드나 포켓 와이파이를 사용합니다.
한국에서 인터넷으로 미리 구매나 대여가
가능합니다. 심카드 교체 시, 전화번호가
바뀌어 본인 인증이나 원래 번호로 통화가
불가능하므로 주의합니다.

A: 무료 와이파이 있나요? / C: 물론입니다.

A: 많이 있는데요. 어느 거예요? / C: CAFE-FREE입니다.

A: 비밀번호가 뭐예요? / C: 영수증에 써 있어요.
A: 된다!

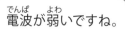
電波が弱いですね。

덴빠가 요와이데스네.

このワイファイは本当に遅い!

코노 와이화이와 혼또-니 오소이!

やばい!
つながらなくなった。

야바이! 츠나가라나꾸낫따.

A: 신호가 약한데요.

A: 이 와이파이 완전 느려!

A: 불안한데! 연결이 끊겼어.

+ 추가 표현 +

➜ 요금제 관련 질문

당신 요금제는 뭐예요?

あなたのプランは何<ruby>なん</ruby>ですか?

아나따노 프랑와 난데스까?

* (料金<ruby>りょうきん</ruby>)プラン (료-낑) 프랑 요금제

➜ 유심 교체할 때

유심 교체하는 방법을 알려 주세요.

シムカードの変<ruby>か</ruby>え方<ruby>かた</ruby>を教<ruby>おし</ruby>えてください。

시무카-도노 카에까따오 오시에떼 쿠다사이.

유심 교체 핀 있어요?

シムカード取<ruby>と</ruby>り出<ruby>だ</ruby>し用<ruby>よう</ruby>ピンはありませんか?

시무카-도 토리다시요- 핑와 아리마셍까?

➜ 와이파이 존을 찾아서

여기 와이파이가 되나요?

ここでワイファイは使<ruby>つか</ruby>えますか?

코꼬데 와이화이와 츠까에마스까?

와! 이쪽이 전파가 더 세요.

おわっ! こっちのほうが電波<ruby>でんぱ</ruby>が強<ruby>つよ</ruby>いです。

오왓! 콧찌노 호-가 뎀빠가 츠요이데스.

63

フェイスブックの
アカウントはありますか?

웨이스북쿠노 아카운토와 아리마스까?

ありますよ.

아리마스요.

セルフィーとか
アップしてますね.

세루휘-또까 압프시떼마스네.

いいですね.

이-데스네.

A: 페이스북 해요? / **J:** 네, 해요.

J: 셀카 같은 거 업로드해요. /
A: 좋네요.

Tip. '셀카', '셀카봉'은 일본어로?

'셀프 카메라'는 'セルフィー 세루휘-
(셀피)'나 自撮り 지도리라고 합니다.
셀카봉은 自撮り棒 지도리 보-입니다.

A: 페이스북에 '친구 추가' 해 주세요.

J: (페이스북) 이름이 뭐예요? / A: 아이예요.

* 検索 검색

探してみます。
さが
사가시떼미마스.

あい

イ・あい
ソウル、韓国

これですか?
코레데스까?

はい、私です。
わたし
하이, 와따시데스.

J: 찾아볼게요.

J: 이거예요? / A: 네, 저예요.

J: 팔로우했어요. / A: 고마워요.
A: 저도 할게요. / J: 받았어요. 잘 부탁해요.

あの…すみません。
写真^{しゃしん}をとってもらえませんか?

아노... 스미마셍. 샤싱오 톳떼모라에마셍까?

大丈夫^{だいじょうぶ}ですよ。

다이죠-부데스요.

後^{うし}ろがよくみえるように
お願^{ねが}いします。

우시로가 요꾸 미에루요-니
오네가이시마스.

わかりました。

와까리마시따.

全身^{ぜんしん}ショット 젠싱 숏토 /
バストショット 바스토 숏토

A: 저기요... 사진 좀 찍어 주실래요? / **P:** 그럼요.

A: 뒤쪽이 잘 나오게 해 주세요. (전신숏/ 상반신숏) / **P:** 알겠어요.

A: 좀 흔들렸어요.

A: 한 장 더 부탁해도 될까요? / P: 네.

A: 감사합니다.

+ 추가 표현 +

→ 사진을 찍기 전에 물어보기

여기 사진 찍어도 되나요?

ここで写真をとってもいいですか?

코꼬데 샤싱오 톳떼모 이-데스까?

이거, 사진 찍어도 되나요?

これ、写真とってもいいですか?

코레, 샤싱 톳떼모 이-데스까?

→ 사진 찍기 전에 확인하기

촬영 금지

撮影禁止

사쯔에-킨시

플래시 금지

フラッシュ禁止

후랏슈 킨시

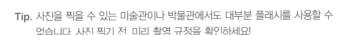

Tip. 사진을 찍을 수 있는 미술관이나 박물관에서도 대부분 플래시를 사용할 수 없습니다. 사진 찍기 전, 미리 촬영 규정을 확인하세요!

→ 조금만 움직이면 인생샷!

<u>왼쪽 / 오른쪽</u>으로 조금만 가세요.

<ruby>左<rt>ひだり</rt></ruby> / <ruby>右<rt>みぎ</rt></ruby>へすこしよってください。

히다리/미기에 스꼬시 욧떼 쿠다사이.

한 발 <u>뒤로 / 앞으로</u> 가세요.

<ruby>一歩<rt>いっぽ</rt></ruby><ruby>下<rt>さ</rt></ruby>がって / <ruby>進<rt>すす</rt></ruby>んでください。

입뽀 사갓떼/스슨데 쿠다사이.

→ 함께 사진 찍고 싶은 사람에게

같이 사진 찍어요.

<ruby>一緒<rt>いっしょ</rt></ruby>に<ruby>写真<rt>しゃしん</rt></ruby>とりましょう。

잇쇼니 샤싱 토리마쇼-.

→ 인생샷을 건졌다면?

인스타그램 사진발인데요. (사진이 잘 나왔네요.)

インスタ<ruby>映<rt>ば</rt></ruby>えするね。

인스타 바에 스루네.

Tip. 일본에서는 '사진이 잘 나왔다'라는 의미로
'인스타그램 사진발'이라는 뜻인 インスタ<ruby>映<rt>ば</rt></ruby>え를 씁니다.

もしもし、どなたですか?

모시모시, 도나따데스까?

もしもし、愛です。

모시모시, 아이데스.

お! これがあなたの電話番号ですか?

오! 코레가 아나따노 뎅와방고ー데스까?

そうですね。

소ー데스네.

J: 여보세요. 누구세요? / A: 여보세요, 아이예요.

J: 오! 이거 당신 번호예요? / A: 네.

＊ 不明

발신자 표시 없음

72

+ 추가 표현 +

→ 담당자와 통화하고 싶을 때

아이 씨와 통화할 수 있나요?

愛さんいらっしゃいますか?

아이상 이랏샤이마스까?

저예요.

私です。

와따꾸시데스.

그녀는 통화 중입니다.

彼女は話し中です。

카노죠와 하나시쮸-데스.

→ 전화를 끊거나 다시 해야 할 때

제가 다시 전화할게요.

私がかけ直します。

와따시가 카께나오시마스.

→ 휴대폰 모드

내 전화는 <u>무음 모드 / 매너 모드(진동)</u>입니다.

私の電話は<u>サイレントモード / マナーモード</u>です。

와따시노 뎅와와 사이렌토 모-도/마나- 모-도데스.

73

A: 배터리가 거의 없네.

A: 충전기 가지고 있어요? (외장 배터리) / J: 네.

A: 콘센트는 어디에 있어요? / J: 저기요.

着信が三件もあった。
ちゃくしん さんけん
いかなきゃ。

착싱가 상껨모 앗따. 이까나꺄.

9:15
5月 20日 金曜日
不在着信(3)

ちょっと待って、
ま
これ、どう返せばいい?
かえ

촛또 맛떼, 코레, 도- 카에세바 이-?

連絡して。
れんらく

렌라꾸시떼.

J: 부재중 전화 세 통이네. 가야겠어요.
A: 잠시만요, 이거 어떻게 돌려주죠? /
J: 연락해요.

* 5月 20日 金曜日
  5월 20일 금요일
  不在着信 부재중 전화

75

A: 여기는 어디지?

A: 실례합니다. 신주쿠역이 어디예요? (공원/ 신사/ 절/ 미술관/ 백화점) /

P: 저도 여기가 처음입니다만...

P: 잠시만요. 여기에서 가까운 것 같아요. / A: 다행이다!

P: 횡단보도까지 직진하세요.

P: 그리고 바로 왼쪽이에요. (오른쪽)

다운로드! 해외여행 필수 앱

1. 길찾기 앱: 구글 지도(Google Maps)

− 내비게이션, 대중교통, 도보 경로를 안내합니다.

− 인터넷이 안 될 경우를 대비하여 미리 여행 지역 지도를
다운로드할 수 있는 '오프라인 지도' 서비스도 있습니다.

− 현 위치에서 필요한 곳(식당, 바, 숙소 등)을 검색하면 주변에 있는
시설을 보여 줍니다. 평점과 후기를 참고하여 원하는 곳을 선택합니다.

2. 숙박 앱: 에어비앤비(Airbnb)

− 현지인이 사는 방이나 집을 공유하는 서비스입니다.

− 여행지를 입력하여 마음에 드는 숙소의 위치, 사진,
후기, 비용, 환불 정책 등을 확인하고 예약 신청합니다.

− 설정에서 '여행지 통화 단위'로 변경한 후 결제하면,
환율 수수료가 이중으로 부과되지 않습니다.

3. 렌터카 앱: 렌탈카스닷컴(rentalcars.com)

- 전 세계적으로 이용할 수 있는 온라인 차량 렌탈 서비스입니다.

- 여행지, 날짜, 픽업 장소 등을 검색해서 간편하게 예약할 수 있습니다.

4. 번역 앱: 구글 번역(Google Translate)

- 전 세계적으로 많이 쓰는 번역 앱입니다.

- 음성 인식이나 사진에 있는 글자도 번역이 가능합니다.

3

쇼핑
お買い物

何かお探しですか?

나니까 오사가시데스까?

いいえ、見ているだけです。

이-에, 미떼이루다께데스.

これ、しろもありますか?

코레, 시로모 아리마스까?

はい、サイズは?

하이, 사이즈와?

くろ 쿠로 /
グレー 그레-

エムです。

에무데스.

S: 무엇을 찾으세요? / A: 아니요, 그냥 구경 중이에요.

A: 이거 흰색도 있어요? (검정/ 회색) / S: 네, 사이즈는요?

A: 미디엄이요.

82

A: 입어 볼 수 있어요? / S: 그럼요.
A: 탈의실이 어디예요? / S: 이쪽으로 오세요.

何かお探しですか?
나니까 오사가시데스까?

スニーカーです。
스니-카-데스.

こちらはいかがですか?
코찌라와 이까가데스까?

いいかも!
이-까모!

Tip. 일본 신발 사이즈

일본의 신발 사이즈 단위는
24, 27.5 등 센티미터 숫자로
표기되어 있습니다.

S: 무엇을 찾고 있으세요? / J: 스니커즈요.

S: 이거 어때요? / J: 좋은데요!

84

27センチは
ありますか?

니쥬-나나센치와
아리마스까?

27

ざいこ
在庫がありませんでした。

자이꼬가 아리마센데시따.

は
26センチを履いてみますか?

니쥬-로꾸센치오 하이떼미마스까?

26

だいじょうぶ
大丈夫ですね。

다이죠-부데스네.

ちい
小さいですね。/

치-사이데스네.

おお
大きいですね。

오-끼-데스네.

J: 27센티 있어요? / S: 재고가 없습니다.

S: 26센티 신어 보시겠어요?

J: 괜찮은데요. (작은데요./ 큰데요.)

A: 스킨을 찾고 있습니다만. (로션/ 선크림)

A: 뭐가 잘 나가요? / S: 이거요.

A: 지성 피부에 어때요. 괜찮아요? / S: 네. 모든 피부용이에요.

A: 테스터 있어요? / S: 네, 이 테스터 써 보세요.
S: 어떠세요? / A: 좀 끈적끈적한데요.

➔ 사이즈에 대해 말할 때

스몰(작은) / 미디엄(중간) / 라지(큰) 사이즈입니다.

私はエス / エム / エルサイズです。

와따시와 에스/에무/에루 사이즈데스.

이것보다 더 작은 / 큰 사이즈 주세요.

これより小さい / 大きいサイズください。

코레 요리 치-사이/오-끼- 사이즈 쿠다사이.

➔ 어떤 물건을 보고 싶을 때

저거 보여 주세요.

あれを見せてください。

아레오 미세떼 쿠다사이.

➔ 매장 위치를 물어볼 때

식료품 매장은 어디인가요?

食品 売り場はどこですか?

쇼꾸힝 우리바와 도꼬데스까?

전자제품은 몇 층인가요?

電気製品は何階ですか?

뎅끼세-힝와 낭까이데스까?

➜ 진열용이 아닌 다른 물건을 요청할 때

새 것 있어요?

新品もありますか?

심삥모 아리마스까?

마지막 물건입니다.

最後の一点となります。

사이고노 잇뗀또 나리마스.

다 팔렸어요.

売り切れました。

우리끼레마시따.

➜ 할인 상품 확인할 때

할인 상품인가요?

セール商品ですか?

세-루 쇼-힌데스까?

20% 할인입니다.

20パーセントオフですね。

니쥼 파-센토 오흐데스네.

➜ 기타

면세로 되나요?

免税になりますか?

멘제-니 나리마스까?

カウンターはどこですか?

카운타-와 도꼬데스까?

下の階です。

시따노 카이데스.

上の階

우에노 카이

13000円になります。

이찌망 산젱엔니 나리마스.

13000円

A: 계산대가 어디예요? / S: 아래층이요. (위층)

C: 만 3천 엔입니다.

90

A: 카드 되나요? / C: 네.

C: 비밀번호요.

C: 사인해 주세요.

C: 영수증입니다.

Tip. 일본의 면세 시스템

백화점, 드러그스토어 등 관광객이 많은 곳에서는
정가로 결제하고, 면세액을 면세 카운터에서
현금으로 돌려주기도 합니다. 결제 후 영수증을
받아 면세 카운터로 가져가는 걸 잊지 마세요.

J: 이거 취소하고 싶어요.

C: 영수증 주세요. / J: 네, 여기요.

C: 이건 할인 상품이었어요.

C: 환불이 안 됩니다.

J: 여기 흠이 있어요. / C: 음...

交換したいです。
코-깐시따이데스.

他の商品を
持ってきてください。
호까노 쇼-힝오 못떼끼떼 쿠다사이.

ありがとう
ございます。
아리가또- 고자이마스.

J: 교환하고 싶어요.

C: 다른 물건으로 가져오세요. /
J: 고마워요.

Tip. 복주머니 福袋 후꾸부꾸로

일본에서는 연초가 되면 내부가 안 보이는 봉투
속에 상품을 임의로 넣은 福袋를 균일가에
판매합니다. 운이 좋으면, 지불한 가격의 몇 배에
해당하는 상품이 들어 있을 수도 있습니다.

✦ 추가 표현 ✦

➡ 반품이나 교환할 때

반품하고 싶어요.

返品_{へんぴん}したいです。

헴삔시따이데스.

차액을 환불 받을 수 있어요?

差額_{さがく}をもらえますか?

사가꾸오 모라에마스까?

➡ 반품 시 발생 가능한 상황

재고 수수료를 내 주세요.

在庫手数料_{ざいこ てすうりょう}をいただきます。

자이꼬 테스−료−오 이따다끼마스.

* **在庫手数料_{ざいこ てすうりょう}** 재고 수수료

  (반품 시 물건을 다시 정리 포장하는 비용)

스토어 포인트로만 돌려 드립니다.

ストアポイントでのお戻_{もど}しになるんですが。

스토아 포인토데노 오모도시니 나룬데스가.

* **ストアポイント** 스토어 포인트(적립금)

  (해당 금액을 차후에 쓸 수 있도록 해 주는 일종의 적립금)

온라잉 숍핑구 사-비스

〈 고객 센터 이메일 〉

担当者さま
탄또-샤 사마

お世話になっております。
오세와니 낫떼 오리마스.

私の名前は愛です。オーダーナンバーは12345です。
와따시노 나마에와 아이데스. 오-다-남바-와 이찌-니-상-용-고데스.

壊れている商品が届きました。
코와레떼 이루 쇼-힝가 토도끼마시따.

返品と払い戻しをお願いします。
헴삔또 하라이모도시오 오네가이시마스.

商品の写真を添付します。
쇼-힌노 샤싱오 템뿌시마스.

ご確認よろしくお願いいたします。
고까꾸닝 요로시꾸 오네가이이따시마스.

ご返信お待ちしております。
고헨싱 오마찌시떼 오리마스.

愛 아이

담당자님께

수고 많으십니다.

제 이름은 아이입니다. 주문 번호는 12345입니다.

파손된 상품을 받았습니다.

반품과 환불을 하고 싶습니다.

상품의 사진을 첨부합니다. 확인해 주시기 바랍니다.

답장 기다리겠습니다.

아이

+ 추가 표현 +

➜ 기타 불만 사항

상품을 아직 못 받았어요.

商品がまだ届いていません。

쇼-힝가 마다 토도이떼 이마셍.

주문을 취소하고 싶어요.

オーダーをキャンセルしたいです。

오-다-오 캰세루시따이데스.

다른 물건을 받았어요.

違う商品が届きました。

치가우 쇼-힝가 토도끼마시따.

새 상품으로 받고 싶어요.

新しい商品でお願いします。

아따라시- 쇼-힌데 오네가이시마스.

➜ 쇼핑 사이트에서 유용한 단어

_ アカウント 아카운토 계정

_ オーダー 오-다- 주문

_ 数量 스-료- 수량

_ 値段 네당 단가, 가격

_ セール 세-루 할인

_ 決済 켓사이 결제

_ 配送 하이소- 배송

_ 到着予定 토-쨔꾸 요떼- 예상 배송일

_ カスタマーサポート 카스타마- 사포-토 고객 센터

득템! 쇼핑 리스트

- **アウター** 아우타- (재킷 등의) 겉옷

- **パンツ** 판츠 바지

- **ショーツ** 쇼-츠 반바지

- **スカート** 스카-토 치마

- **ベスト** 베스토 조끼

- **靴下** 쿠쯔시따 양말
  <small>くつした</small>

- **手袋** 테부꾸로 장갑
  <small>てぶくろ</small>

- **下着** 시따기 속옷
  <small>したぎ</small>

- **水着** 미즈기 수영복
  <small>みずぎ</small>

- **靴** 쿠쯔 신발
  <small>くつ</small>

- **バッグ** 박구 가방, 백

- **財布** 사이후 지갑
  <small>さいふ</small>

- ジュエリー 쥬에리- 보석

- ネックレス 넥쿠레스 목걸이

- ブレスレット 브레스렛토 팔찌

- イアリング 이아링구 귀걸이

- 指輪 <ruby>ゆびわ</ruby> 유비와 반지

- 化粧品 <ruby>けしょうひん</ruby> 케쇼-힝 화장품

- 洗顔フォーム <ruby>せんがん</ruby> 셍강 훠-무 세안제

- スキンケア 스킹 케아 기초화장

- メイクアップ 메이쿠압푸 메이크업

- 口紅 <ruby>くちべに</ruby> 쿠찌베니 립스틱

- ティント 틴토 틴트

- マニキュア 마니큐아 매니큐어

- 香水 <ruby>こうすい</ruby> 코-스이 향수

4

교통
こうつう
交通

A: 버스 정류장이 어디예요? / P: 여기에서 200미터 정도입니다.

A: 이쪽이요? / P: 네.

A: 신주쿠로 갈 수 있나요? / P: 갈아타야 해요.

A: 가장 좋은 방법이 뭐예요? / P: 지하철이요.

A: 지하철역은 어떻게 가요? / P: 가장 가까운 역...

P: 저 모퉁이를 돌면 있어요.

A: 신주쿠역까지 한 장이요.

A: 신주쿠 방면은 어디인가요? / P2: 반대편이요.

＋ 추가 표현 ＋

➜ 시부야역 가는 길

시부야역으로 가나요?

渋谷駅に行きますか？

시부야에끼니 이끼마스까?

어느 노선이 시부야역으로 가나요?

どの路線が渋谷駅に行きますか？

도노 로셍가 시부야에끼니 이끼마스까?

시부야역에 가려는데, 어디서 환승하나요?

渋谷駅に行きたいんですが、乗り換えはどこですか？

시부야에끼니 이끼따인데스가, 노리까에와 도꼬데스까?

하치코 출구는 어디인가요?

ハチ公口はどこですか？

하찌꼬-구찌와 도꼬데스까?

Tip. 하치코 출구

시부야역의 유명한 출구로, 많은 사람들이 약속 장소로 이용하고 있습니다.

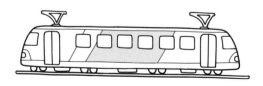

105

どちらへ行きますか?

도찌라에 이끼마스까?

市役所まで
お願いします。

시약쇼마데 오네가이시마스.

シートベルトをしてください。

시-토베루토오 시떼 쿠다사이.

混んでる!

콘데루!

D: 어디 가세요? / J: 시청으로 가 주세요.

D: 좌석벨트 매 주세요.

J: (길이) 막히네!

106

J: 얼마나 걸려요? / D: 20분 정도요.

J: 여기에서 내릴게요.

J: 감사합니다.

A: 신오사카행, 한 장이요.

T: 언제요? / A: 내일 오후 3시쯤이요. (오늘/ 이틀 후에)

T: 15시 15분발이 있어요.

A: 환승하나요? / T: 아니요.

A: 얼마예요? / T: 지정석이요?
특별석(그린 좌석)이요?

A: 가장 싼 거로 주세요.

Tip. 그린 좌석

グリーン席 혹은 グリーン車은 고급 사양의
좌석 열차로, 승객 1인당 점유 면적이 넓고
발걸이가 길게 펼쳐져 누울 수도 있습니다.
가격은 일반석보다 다소 비쌉니다.

T: 편도요? 왕복이요? / A: 편도요.

T: 만 2천 엔입니다. / A: 한 장 주세요.

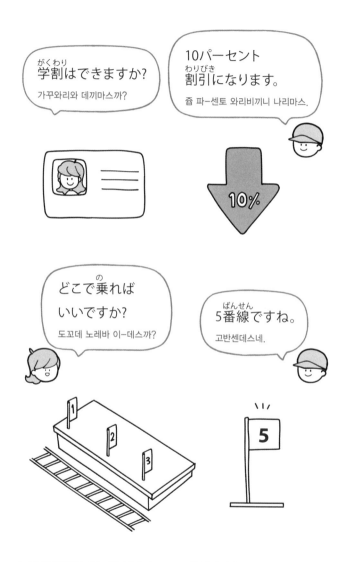

A: 학생 할인은 가능한가요? / T: 10% 할인됩니다.

A: 어디에서 타면 되나요? / T: 5번 라인입니다.

27 # 렌터카 이용하기 レンタカーを利用する 렌타카ー오 리요ー스루

インターネットで予約しました。
これが予約書です。

인타ー넷토데 요야꾸시마시따. 코레가 요약쇼데스.

パスポートと免許証を
お願いします。

파스포ー토또 멩꾜쇼ー오 오네가이시마스.

内容を確認してサインしてください。

나이요ー오 카꾸닌시떼 사인시떼 쿠다사이.

J: 인터넷으로 예약했어요. 여기 예약 확인서요.

S: 여권과 운전면허증 주세요.

S: 내용을 확인하고 사인해 주세요.

オートマチック、ガソリン、カーナビ、基本保険。

오-토마칙쿠, 가소링, 카-나비, 키홍 호껭.

間違いないですか?

마찌가이나이데스까?

はい、ノン・オペレーションチャージは 50000円になります。

하이, 농 오페레-숑 챠-지와 고망엔니 나리마스.

免責補償は 一日に1000円です。

멘세끼 호쇼-와 이찌니찌니 셍엔데스.

50000円　　**1000円/1日**

J: 자동 변속기, 휘발유,
   내비게이션, 기본 보험.
   맞아요? /
S: 네, 휴업 보상(NOC)은
   5만 엔입니다. 면책 보상은
   하루당 천 엔입니다.

Tip. **휴업 보상(NOC, 논 오퍼레이션 차지
ノン・オペレーションチャージ)**

사고가 나면, 차량의 수리와 청소를 하는
기간에 대한 '영업보상비'를 렌터카 회사에
지불해야 하는데, 이를 '휴업 보상(NOC)'이라고
합니다. 렌터카 회사에 따라 면책 보상까지
가입하면 NOC를 면제 받을 수 있습니다.

ふーむ。
それは大丈夫です。

후-무. 소레와 다이죠-부데스.

30000円になります。

삼망엔니 나리마스.

30000円

車のあるところまで案内します。

쿠루마노 아루 토꼬로마데 안나이시마스.

J: 음. 그건 안 할게요. / S: 3만 엔입니다.
S: 차가 있는 곳으로 안내하겠습니다.

114

+ 추가 표현 +

➜ 렌터카 예약 및 계약 시 확인 사항

대여 / 반납 장소

ピックアップ / 返却場所
<ruby>へんきゃくばしょ</ruby>

픽쿠압푸/헹까꾸 바쇼

다른 장소에서 반납

別の場所から返却
<ruby>べつ　ばしょ　へんきゃく</ruby>

베쯔노 바쇼까라 헹까꾸

자동 변속기 / 수동 변속기

オートマチック / マニュアル

오-토마칙쿠/마뉴아루

추가 운전자

追加運転者
<ruby>ついか　うんてんしゃ</ruby>

츠이까 운뗀샤

Tip. 추가 운전자가 있는 경우 기재해야 합니다.

연료 방법

燃料のポリシー
<ruby>ねんりょう</ruby>

넨료-노 포리시-

_ 満タンで 만탄데 기름 채워서 (반납)
<ruby>まん</ruby>

_ そのままで 소노마마데 그대로 (반납)

115

• 止まれ
토마레

정지

• 徐行
죠꼬-

서행

• 駐停車禁止
츄-떼-샤 킨시

주정차 금지

• 駐車禁止
츄-샤 킨시

주차 금지

• 停止線
테-시셍

정지선

・<ruby>速度<rt>そくど</rt></ruby><ruby>制限<rt>せいげん</rt></ruby>30

소꾸도 세–겡 산쥬–

제한 속도 시속 30㎞

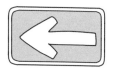

・<ruby>一方<rt>いっぽう</rt></ruby><ruby>通行<rt>つうこう</rt></ruby>

입뽀–쯔–꼬–

일방통행

・<ruby>追越<rt>おいこし</rt></ruby><ruby>禁止<rt>きんし</rt></ruby>

오이꼬시 킨시

추월 금지

・Uターン<ruby>禁止<rt>きんし</rt></ruby>

유타–ㅇ 킨시

유턴 금지

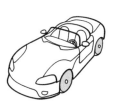

〈 현금 〉

5番で入れようかな。

고반데 이레요-까나.

窓を拭こう。

마도오 후꼬-.

A: 5번에서 넣을게요.

A: 창문을 닦아야지.

118

〈 신용카드 〉

カードの差し込み&取り出し
카-도노 사시꼬미 안도 토리다시

→ 暗証番号入力
안쇼-방고- 뉴-료꾸

→ ガソリンの選択 가소린노 센따꾸

(一般車はレギュラー 입빤샤와 레규라-)

→ ノズル取り出し
노즈루 토리다시

→ ガソリン入れ
가소링 이레

→ レシート
레시-토

카드 삽입하고 꺼내기

→ 비밀번호 입력

→ 휘발유 선택
   (일반차는 레귤러)

→ 주유기 꺼내기

→ 주유하기

→ 영수증

Tip. 주유 충전 시스템

일반적으로 현금을 선택했을 경우, 영수증을 결제
카운터로 가져가서 지불하지만, 일정 금액을 먼저
충전하고 차액을 돌려받는 시스템도 있습니다.

+ 추가 표현 +

➡ 주유소에서 유용한 단어

- レギュラー 레규라- 일반 휘발유

- ハイオク 하이오쿠 고급 휘발유

- ディーゼル 디-제루 경유

- お札 오사쯔 지폐

- おつり 오쯔리 동전

- 選択 센따꾸 선택 / キャンセル 캰세루 취소
- 挿入 소-뉴- 삽입 / 取り出し 토리다시 꺼내기

- ノズル 노즈루 주유기

매너! 일본에서의 운전

• 국제 운전면허증과 국내 운전면허증, 여권을 함께 소지합니다.

• 신호등이 없는 좁은 골목 교차로에서는 가볍게 경적을 울리거나
  상향등을 켜서 차가 있다는 것을 미리 알리고 운행을 시작합니다.

• 차량의 진행 방향, 운전석의 위치 등이 한국과 반대이므로 각별히
  주의합니다.
  기본적으로 파란 신호등이라면 좌회전, 우회전(반대 방향에서 오는
  차량이 없을 때)이 가능합니다. 빨간 신호등에서 좌회전이 금지됩니다.

• 골목이나 도로에서 사람이 보이면, 차를 멈춥니다.

• 止まれ (정지) 표시가 있는 곳에서는 반드시 멈춰서 좌우를 살피고
  출발해야 합니다.

• 짧은 시간이라도 무단 정차 시 단속 대상이 됩니다.

5

문화 생활
文化生活

カバンの中を見せてください。
카반노 나까오 미세떼 쿠다사이.

大人一枚ください。
오또나 이찌마이 쿠다사이.

**オーディオガイドも
お願いします。**
오-디오가이도모 오네가이시마스.

G: 가방 안을 보여 주세요.

A: 성인 한 장이요.
오디오 가이드도 주세요.

Tip. 미술관 입구에서 가방 검사?

유명 건물 안으로 들어갈 때, 보안 검사대를
통과해야 하거나 가방 안을 검사합니다.

A: 무료인가요? / C: 아니요, 천 엔입니다.

A: 네, 여기에서 지불해요? / C: 네, 그러고 나서 2층에서 받아 가세요.

S: 중국 사람인가요? / A: 아니요. 한국 사람이에요.

S: 실례했습니다. 언어를 골라 주세요. /

A: 한국어로 주세요. (영어/ 일본어/ 중국어/ 스페인어/ 프랑스어/ 독일어)

S: 신분증 주세요.

+ 추가 표현 +

➔ 길게 선 줄을 보면서

무슨 줄인가요?

何の列ですか?

난노 레쯔데스까?

➔ 매표소나 안내 데스크에서

몇 시에 문 닫아요?

何時に終わりますか?

난지니 오와리마스까?

안내 책자가 있나요?

ガイドブックはありますか?

가이도 북쿠와 아리마스까?

입구 / 출구가 어디예요?

入口 / 出口はどこですか?

이리구찌/데구찌와 도꼬데스까?

入口

➔ 짐을 맡기고 싶을 때

가방을 맡기고 싶습니다만.

カバンを預けたいんですが。

카방오 아즈께따인데스가.

사물함 있어요?

ロッカーはありますか?

록카-와 아리마스까?

127

J: 이 공연, 오늘 밤 여기서 하나요? / S: 네.

J: 들어가도 돼요? / S: 아직이요. 10분 후에 오세요. (15분 후/ 30분 후)

チケットをお願いします。
치켓토오 오네가이시마스.

上の階です。
우에노 카이데스.

2F

1F

クロークはありますか?
쿠로-쿠와 아리마스까?

あそこです。
아소꼬데스.

あ、ありがとうございます。
아, 아리가또- 고자이마스.

S: 표 주세요.

S: 위층으로 가세요. / J: 외투실은 어디예요?

S: 저기요. / J: 아, 감사합니다.

Tip. 공연장에서 외투와 큰 가방은 맡기세요!

외투를 입거나 백팩, 쇼핑백 같은 큰 가방을 갖고
공연장에 들어가서 보는 것은 실례이므로,
외투실(クローク)에 맡깁니다. 번호표를 받아서
가지고 있다가 공연이 끝나고 찾아가면 됩니다.

S2: 코트 하나요? / J: 네.

S2: 여기 번호표요.

J: 죄송합니다. 제 좌석입니다만. / W: 좌석 번호를 알려 주세요.

J: H7입니다. / W: 여기는 G7이에요.

J: 실례했습니다. / W: 괜찮습니다.

J: 이건 무슨 줄이에요? / P: 경기장 줄이요.

J: 매표소는 어디예요? / P: 저쪽이요.

並んでますか?
나란데마스까?

はい。
하이.

大人一枚お願いします。
오또나 이찌마이 오네가이시마스.

席の指定は
ありますか?
세끼노 시떼―와
아리마스까?

ありません。
前の方で見たいんですが。
아리마셍. 마에노 호―데 미따인데스가.

J: 줄 서신 거예요? / P2: 네.
J: 성인 한 장이요. / T: 좌석 지정하실 건가요?
J: 아니요. 앞쪽에서 보고 싶긴 한데요.

133

T: 어느 팀이요? / J: 자이언츠요. 3천 엔 이하로요.

T: 만석입니다. 지금은 2층 자리밖에 없어요.

J: 얼마예요? / T: 2천백 엔입니다.
J: 알겠습니다. 한 장 주세요.

미리미리! 인터넷 예약

- **얼리버드** 早割-チケット **티켓**

  공연, 스포츠, 항공권, 기차나 버스표 등 인터넷으로 예매하면,
  좋은 자리를 저렴하게 구할 수 있습니다.

- **국적** 国籍: **Korea, Republic of** 또는 **South Korea**, 韓国

  인터넷 예약 시, 종종 거주 국가를 선택해야 합니다. 'Korea'를 검색하면,
  'Korea, Republic of(남한)', 'Korea, Democratic People's Republic of
  (북한)', 이렇게 두 개가 나오는데, 당연히 남한을 선택해야겠죠!

- **국가 번호: +82**

  전화번호를 입력할 때, 한국의 국가 번호는 +82이며
  이 부분은 보통 목록에서 스크롤하여 찾아 선택합니다.
  나머지 전화번호는 첫 번째 0을 빼고 쓰면 됩니다. 예를 들어,
  전화번호 010-1234-5678은 +82-10-1234-5678를 입력합니다.
  국제 전화를 할 때도 이와 같습니다.

- **이메일 확인**

  예약한 티켓은 이메일로 받아서 출력하는 것이 좋습니다.

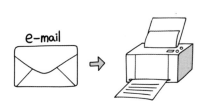

〈 인터넷 예매 사이트에서 유용한 단어 〉

- 数 카즈 수량

- 大人 오또나 성인

- ユース 유−스 청소년

- 子ども 코도모 어린이

- 席を選択 세끼오 센따꾸 자리 선택

- 選択した席 센따꾸시따 세끼 선택한 좌석

- 空きあり 아끼아리 예약 가능

- 売り切れ 우리끼레 매진

- ステージ 스테−지 무대

- 列 레쯔 줄

- 今すぐ予約 이마 스구 요야꾸 지금 예약하기

- 削除 사꾸죠 삭제

- 確認画面 카꾸닝 가멘 확인 화면

- 確定する 카꾸떼−스루 확정하기

137

6

여행
観光

パスポートをお願いします。

파스포-토오 오네가이시마스.

KOREAN AIR

荷物はいくつですか?

니모쯔와 이꾸쯔데스까?

ひとつです。

히또쯔데스.

ここにカバンをのせてください。

코꼬니 카방오 노세떼 쿠다사이.

C: 여권 주세요.

C: 짐은 몇 개입니까? / A: 한 개요.

C: 여기에 가방을 올려 주세요.

C: 가방 안에 배터리 있어요? /
A: 없습니다.

A: 통로 쪽 자리로 주세요.
   (창가 쪽) / C: 알겠습니다.

Tip. 공항 가기 전 체크인

모바일 앱이나 웹 사이트에서 항공권 체크인을
미리 해 두면, 공항에서는 수하물만 부치면
됩니다. 수하물만 부치는 줄이 따로 있어 대기
시간도 짧습니다. 대부분 출발 24시간 전부터
가능하고, 좌석 선택도 할 수 있습니다.

72番ゲートから乗ってください。

나나쥬-니방 게-토까라 놋떼 쿠다사이.

12時20分からオープンします。

쥬-니지 니쥼뿡까라 오-픈시마스.

12:20

15分前までゲートに
行ってください。

쥬-고훔마에마데 게-토니 잇떼 쿠다사이.

12:05

72
ゲート

C: 72번 탑승구에서 탑승하세요.

C: 12시 20분부터 시작합니다.

C: 15분 전까지 탑승구에 가 주세요.

+ 추가 표현 +

→ 마일리지 & 일행 좌석 확인

마일리지를 적립해 주시겠어요?

マイレージをためたいんですが。

마이레-지오 타메따인데스가.

붙어 있는 좌석(연석)으로 주세요.

となりの席にしてもらえますか?

토나리노 세끼니 시떼모라에마스까?

→ 항공사 카운터에서 짐 부칠 때

(짐이) 무게를 초과했어요.

重量オーバーです。

쥬-료- 오-바-데스.

기내에 가지고 탑니다.

機内に持ち込みます。

키나이니 모찌꼬미마스.

깨지는 물건입니다. 태그를 부탁합니다.

割れ物です。タグをお願いします。

와레모노데스. 타구오 오네가이시마스.

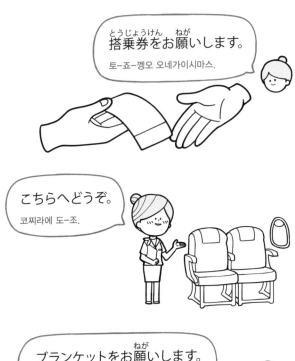

搭乗券^{とうじょうけん}をお願^{ねが}いします。

토-죠-껭오 오네가이시마스.

こちらへどうぞ。

코찌라에 도-조.

ブランケットをお願^{ねが}いします。

브랑켓토오 오네가이시마스.

まくら 마꾸라 /
イアホン 이아홍 /
アイマスク 아이마스쿠 /
歯^はブラシ 하브라시

C: 탑승권 주세요.

C: 이쪽으로 가세요.

A: 담요 주세요. (베개/ 귀마개/ 안대/ 칫솔)

144

C: 소고기와 생선 식사가 있습니다. / A: 네?
C: 소고기와 생선이요. / A: 소고기로 주세요.
C: 음료는 어떻게 하시겠어요? / A: 물 주세요.

* ジュース 주스
   コカコーラ 코카콜라
   コーヒ 커피

A: 이거 치워 주시겠어요?

A: 먼저 가세요. / P: 고마워요.

+ 추가 표현 +

➔ 안전한 비행을 위해

가방을 좌석 밑으로 넣어 주세요.

カバンを座席の下に入れてください。

카방오 자세끼노 시따니 이레떼 쿠다사이.

좌석 등받이를 세워 주세요.

リクライニングをお戻しください。

리쿠라이닝구오 오모도시 쿠다사이.

비행기 창문 커튼을 열어 주세요.

シェードを開けてください。

셰-도오 아께떼 쿠다사이.

좌석벨트 신호에 불이 들어왔습니다.

シートベルトサインがオンになりました。

시-토베루토 사잉가 온니 나리마시따.

➔ 일본어로 말하기 힘들 때

영어 하는 분이 있습니까?

英語のできるスタッフはいますか?

에-고노 데끼루 스탑후와 이마스까?

한국어 하는 분이 있습니까?

韓国語のできるスタッフはいますか?

캉꼬꾸고노 데끼루 스탑후와 이마스까?

乗り継ぎを
したいんですが。

노리쯔기오 시따인데스가.

乗り継ぎ

「乗り継ぎ」の
サインの方です。

'노리쯔기'노 사인노 호-데스.

乗り継ぎはどうすればいいですか?

노리쯔기와 도- 스레바 이-데스까?

ここで大丈夫ですか?

코꼬데 다이죠-부데스까?

はい、こちらのラインです。

하이, 코찌라노 라인데스.

入国審査

A: 환승하려는데요. / S: '환승' 표시 쪽입니다.
A: 환승은 어떻게 하나요? 여기가 맞나요? /
S2: 네, 이쪽 줄입니다.

148

A: 탑승구가 어디...? 아, 3C.
A: 이런, 연착됐네!

つか
疲れた。

츠까레따.

すみません、この席は空いてますか?

せき あ

스미마셍, 코노 세끼와 아이떼마스까?

はい。

하이.

おおさか じょうきゃく
大阪ゆき、JALの乗客のみなさまに
あんない
ご案内いたします。

오-사까유끼, 쟈루노 죠-까꾸노 미나사마니
고안나이 이따시마스.

とうじょうぐち とうじょう はじ
まもなく搭乗口3のCから搭乗を始めます。

마모나꾸 토-죠-구찌 산노 시-까라 토-죠-오 하지메마스.

A: 피곤해.

A: 저기요, 여기 빈자리인가요? / P: 네.

F: 오사카로 가는 JAL 승객분들께 알려 드립니다.
   바로 탑승구 3C에서 탑승을 시작합니다.

150

➔ 탑승할 곳을 찾을 때

연결 항공편을 타려고 하는데요.

乗り継ぎ便に乗りたいんですが。

노리쯔기 빈니 노리따인데스가.

11C 탑승구에 가려고 하는데요.

11Cの搭乗口に行きたいんですが。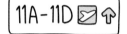

쥬-이찌 시-노 토-죠-구찌니 이끼따인데스가.

➔ 비행기를 놓쳤을 때

비행기를 놓쳤어요.

飛行機に乗れませんでした。

히꼬-끼니 노레마센데시따.

다음 항공편은 언제인가요?

次の便はいつですか?

츠기노 빙와 이쯔데스까?

日本(にほん)には初(はじ)めてですか?

니혼니와 하지메떼데스까?

はい.

하이.

こちらです.

코찌라데스.

入国審査

外国人

日本人

S: 일본은 처음인가요? /

A: 네.

S: 이쪽입니다.

* 外国人(がいこくじん) 외국인

　 日本人(にほんじん) 일본인(내국인)

Tip. 일본어를 알아듣기 힘들 때는?

입국 심사나 세관 신고 시, 질문을 이해하지 못했다면 섣불리 대답하지 말고, 'わかりません. 韓国語(かんこくご)のできるスタッフはいますか?

와까리마셍. 캉꼬꾸고노 데끼루 스탑후와 이마스까?

(이해를 못했습니다. 한국어 하는 사람이 있나요?)'

라고 말하며 통역을 요청합니다.

152

I: 방문 목적이 무엇인가요? / **A:** 관광입니다. (비즈니스, 일)

I: 얼마나 체류합니까? / **A:** 일주일입니다.

I: 귀국 항공권을 보여 주세요.

どこに行く予定ですか?
도꼬니 이꾸 요떼-데스까?

東京と大阪です。
토-꾜-또 오-사까데스.

だれと一緒ですか?
다레또 잇쇼데스까?

いいえ、一人です。
이-에, 히또리데스.

カメラを見てください。
카메라오 미떼 쿠다사이.

I: 어디에 가실 예정인가요? / A: 도쿄와 오사카요.

I: 누구와 함께인가요? / A: 아니요, 혼자입니다.

I: 카메라를 보세요.

154

+ 추가 표현 +

➜ 입국 심사에서 많이 받는 질문

일본에는 처음입니까?

日本<small>にほん</small>には初<small>はじ</small>めてですか?

니혼니와 하지메떼데스까?

혼자 여행합니까?

一人<small>ひとり</small>旅<small>たび</small>ですか?

히또리 타비데스까?

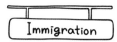

얼마나 머무나요?

どれくらい滞在<small>たいざい</small>しますか?

도레꾸라이 타이자이시마스까?

어디에 머무나요?

どこで泊<small>と</small>まりますか?

도꼬데 토마리마스까?

돈은 얼마나 갖고 있습니까?

お金<small>かね</small>はどれくらい持<small>も</small>っていますか?

오까네와 도레꾸라이 못떼이마스까?

しんこく
申告するものはありますか?

싱꼬꾸스루 모노와 아리마스까?

いいえ。

이-에.

た　もの　も
食べ物を持っていますか?

타베모노오 못떼이마스까?

いいえ。

이-에.

アルコール / タバコ

아루코-루　　타바코

C: 신고할 것 있습니까? /
A: 아니요.

C: 음식물 가지고 있어요? (술/ 담배) /
A: 아니요.

Tip. 입국 마지막 절차, 세관 신고

보통은 세관 신고서를 제출하면
통과하지만, 세관원이 질문하거나
가방을 열어 보여 달라고 하면,
그 지시에 따라야 합니다.

+ **추가 표현** +

→ 세관에서 받을 수 있는 요청과 질문

세관 신고서를 보여 주세요.

申告書をお願いします。

싱꼬꾸쇼오 오네가이시마스.

이 가방 열어 주세요.

このカバンを開けてください。

코노 카방오 아께떼 쿠다사이.

술이나 담배 가지고 있어요?

アルコールやタバコを持ってますか?

아루코-루야 타바코오 못떼마스까?

이것은 무슨 용도입니까?

これは何に使いますか?

코레와 나니니 츠까이마스까?

이것은 반입 금지되어 있습니다.

これは日本に持って入れません。

코레와 니혼니 못떼 하이레마셍.

이것은 세금을 내야 합니다.

これは税金を払わなければいけません。

코레와 제-낑오 하라와나께레바이께마셍.

157

こんにちは。
<ruby>何<rt>なに</rt></ruby>かご<ruby>用<rt>よう</rt></ruby>ですか?

콘니찌와. 나니까 고요ー데스까?

シティーツアーを
<ruby>予約<rt>よやく</rt></ruby>したいんですが。

시티ー 츠아ー오 요야꾸시따인데스가.

<ruby>今日<rt>きょう</rt></ruby>ですか?

쿄ー데스까?

いいえ、<ruby>明日<rt>あした</rt></ruby>です。

이ー에, 아시따데스.

S: 안녕하세요. 무엇을 도와드릴까요? / **A:** 시티 투어 예약하고 싶은데요.

S: 오늘이요? / **A:** 아니요, 내일이요.

S: 일일 투어요? / A: 반나절 투어로 할게요.

A: 어느 정도 걸리나요? / S: 4시간 걸립니다.

A: 언제 시작하나요? / S: 오전 8시와 오후 2시가 있습니다.

S: 어느 것으로 하실래요? / A: 오후 2시로 할게요.

A: 여기에서 예약할 수 있어요? / S: 네.

明日の午後2時にここですか?
아시따노 고고 니지니 코꼬데스까?

はい、このビルの前です。
하이, 코노 비루노 마에데스.

わかりました。
와까리마시따.

この控えを忘れないでください。
코노 히까에오 와스레나이데 쿠다사이.

バウチャー

A: 내일 오후 2시에 여기인가요? / S: 네, 이 건물 앞이에요.
A: 알겠어요.
S: 이 종이를 잊지 마세요.

* バウチャー 바우처

A: 혼자입니다. / C: 850엔입니다.

A: 수건은 안에 있나요? / C: 유료예요. 400엔입니다.

A: 네, 수건 한 장 주세요.

〈 일본의 유명 온천 BEST 5 〉

1. 奥飛騨温泉郷 오꾸히다 온셍고- 오쿠히다온천

   기후현에 있는 일본 최고의 경치를 자랑하는 노천 온천

2. 熱海温泉 아따미 온셍 아타미온천

   일본 3대 온천 중 하나. 도쿄에서 신칸센 45분으로 접근성도 최고

3. 湯布院 유후잉 유후인

   오이타현에 있는 고급스러운 온천지. 세련된 카페와 잡화점이 많아서
   여성들에게 인기 만점

4. 登別温泉 노보리베쯔 온셍 노보리베스온천

   홋카이도의 대자연을 만끽할 수 있는 인기 온천지

5. 道後温泉 도-고 온셍 도고온천

   에히메현에 있는 일본 내에서 유일하게 중요 문화재로 지정된 온천지

출처 wondertrip.jp

〈 체크인 〉

チェックインを
お願（ねが）いします。

쳇쿠잉오 오네가이시마스.

パスポートを
お願（ねが）いします。

파스포-토오 오네가이시마스.

ハルホテル

できました。

데끼마시따.

デポジットを3000円（えん）
いただいています。

데포짓토오 산젱엥 이따다이떼 이마스.

3000円

J: 체크인할게요. /
C: 여권 주세요.
C: 다 됐습니다. 디포짓 3천 엔
　　내셔야 합니다.

Tip. **객실 보증금, 디포짓**(デポシット)
체크인할 때 현금이나 카드로 디포짓을 요구할
수 있습니다. 체크아웃할 때 돌려받는데,
카드로 결제한 경우 2~3주 뒤에 결제 취소를
확인합니다. 호스텔에서는 수건이나 시트,
베개 커버 보증금을 받기도 합니다.

J: 지불은요? / C: 카드나 현금으로요.

C: 아침 식사는 7시부터 10시까지입니다.

C: 레스토랑은 1층에 있습니다.

J: 수영장은 열려 있나요? / **C:** 네.

J: 몇 시까지요? / **C:** 밤 9시까지요.

Tip. 객실 청소를 원하지 않으면?

오전 늦게까지 쉬고 싶다면, 문고리에
'Do not disturb. (방해하지 마세요.)'
사인을 걸어 놓습니다. 그러면 청소를
하지 않습니다.

166

〈 체크아웃 〉

チェックアウトします.
첵크아우토시마스.

こちらは
追加料金になります.
코찌라와 츠이까 료-낀니 나리마스.

何の料金ですか?
난노 료-낀데스까?

ルームサービス代です.
루-무사-비스다이데스.

J: 체크아웃할게요. / C: 추가 요금이 있습니다.
J: 무슨 요금이죠? / C: 룸서비스 비용입니다.

J: 알겠습니다. 짐 맡길 수 있을까요?

C: 그럼요. 언제 오세요? / J: 오후 3시쯤이요.

C: 수하물표입니다.

→ 호텔 로비에서

방 있나요?
部屋ありますか?
헤야 아리마스까?

방 먼저 보고 싶습니다만.
部屋を先に見てみたいんですが。
헤야오 사끼니 미떼미따인데스가.

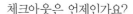

체크아웃은 언제인가요?
チェックアウトはいつですか?
첵크아우토와 이쯔데스까?

조식 포함입니다.
朝食 込みです。
쵸-쇼꾸 코미데스.

→ 숙소에서 유용한 단어

_ モーニングコール 모-닝구 코-루 모닝콜

_ 無料 무료- 무료

_ バスタオル 바스 타오루 목욕 수건

_ ダブルルーム 다브루 루-무 더블룸 (큰 침대 1개)

_ ツインルーム 츠잉 루-무 트윈룸 (침대 2개)

체크! 여행 준비물

- **여권:** 사진이 있는 맨 앞 페이지가 펼쳐진 상태로 복사한 사본을 소지합니다. 여권 유효 기간 이내에 체류 예정이라면 출입국에 제한은 없습니다.

- **비자:** 일본은 무비자로 90일까지 체류 가능합니다. 다만, 2주 이상 장기 체류 시에는 체류 목적이나 구체적인 일정을 물어보는 등 까다로운 입국 심사가 있을 수도 있습니다. 출입국 관리 사무소에서는 1년 동안 외국인 체류기간을 180일 이하로 권장하고 있습니다.

- **이티켓:** 입국 심사 대비 티켓을 출력합니다.

- **증명사진:** 여권 분실이나 기타 필요한 경우를 대비합니다.

- **현지 통화(円) 또는 달러:** 인터넷, 은행, 공항 등에서 환전합니다.

- **신용카드·체크카드:** 해외 사용이 가능한지 확인합니다.

- **심카드·포켓 와이파이:** 한국에서 미리 구입하여 준비합니다. 현지에서도 구매 가능합니다.

- **예약 바우처:** 숙소, 투어 상품, 공연 등의 예약 확인증을 출력하여 준비합니다.

- **110V 어댑터:** 일본은 콘센트 모양이 다르므로 알맞은 것을 미리 준비합니다.

- **여행 관련 앱:** 지도 앱, 택시 앱, 번역 앱 등을 다운로드합니다.

- **기타:** 여행자 보험, 국제운전면허증, 국제 학생증, 각종 할인쿠폰 등 필요한 것을 미리 확인하고 준비합니다.

7

일상 & 응급

日常&緊急
にちじょう きんきゅう

〈 편의점에서 〉

すみません。
ビールはどこに
ありますか?

스미마셍.
비−루와 도꼬니 아리마스까?

あちらの
お菓子コーナーのよこに
あります。

아찌라노 오까시 코나노 요꼬니 아리마스.

くだもの
果物は?

쿠다모노와?

くだもの
果物はありません。

쿠다모노와 아리마셍.

J: 저기요. 맥주는 어디 있어요? / C: 저쪽 과자 코너 옆에 있어요.

J: 과일은요? / C: 과일은 없습니다.

174

J: 알겠습니다. 얼마예요? / C: 340엔입니다.

J: 영수증은 됐습니다, 고마워요.

〈 슈퍼마켓에서 〉

ここに<ruby>果物<rt>くだもの</rt></ruby>がある。

코꼬니 쿠다모노가 아루.

パンがある。

팡가 아루.

たまご 타마고 /
チーズ 치-즈 /
ミルク 미르쿠

<ruby>割<rt>わ</rt></ruby>り<ruby>引<rt>び</rt></ruby>きだ。

와리비끼다.

セール

A: 여기에 과일이 있네.

A: 빵이 있네. (계란/ 치즈/ 우유)

A: 할인이네.

C: 포인트 카드 있어요? / A: 아니요.

A: 계산이 틀린 것 같은데요. / C: 죄송합니다.　　　* キャンセル 취소

177

J: 좋은 일본술을 찾고 있습니다만. / C: 쌉쌀한 맛이요? 단맛이요?

J: 단맛이요. / C: 이걸 추천합니다.

J: 알겠습니다. 조금 더 구경할게요. * 辛口 쌉쌀한 맛 / 甘口 단맛

+ 추가 표현 +

➜ 식품 매장에서

유통 기한은 어디에 써 있어요?

賞味期限はどこに書いてありますか?

쇼-미끼겡와 도꼬니 카이떼 아리마스까?

➜ 주류 매장에서

이 보드카는 몇 도인가요?

このウォッカは何度ですか?

코노 웍카와 난도데스까?

➜ 계산대에서

100엔 모자랍니다.

100円足りません。

햐꾸엥 타리마셍.

비닐 봉투 / 종이 봉투 하나 주세요.

ビニル袋 / 紙袋ひとつください。

비니루 부꾸로/카미 부꾸로 히또쯔 쿠다사이.

따로 포장해 주세요.

別々にパックして入れてください。

베쯔베쯔니 팍쿠시떼 이레떼 쿠다사이.

179

〈 ATM 사용법 〉

1. カード挿入 _{そうにゅう} 카-도 소-뉴-

→ 2. 言語選択 (日本語 / 英語 / 韓国語)
겡고 센따꾸 (니홍고/에-고/캉꼬꾸고)

→ 3. 暗証番号入力 안쇼-방고- 뉴-료꾸

→ 4. 取引の選択 [お引き出し]
토리히끼노 센따꾸 [오히끼다시]

→ 5. 金額入力 킹가꾸 뉴-료꾸

→ 6. 明細票を発行する (する / しない)
메-사이효-오 학꼬-스루 (스루/시나이)

お待ちください…
오마찌 쿠다사이...

エラーが発生しました。エラーコメントをご確認ください。
에라-가 핫세-시마시따. 에라- 코멘토오 고까꾸닝 쿠다사이.

残高を確認してください。
잔다까오 카꾸닌시떼 쿠다사이.

1. 카드 삽입
→ 2. 언어 선택 (일본어 / 영어 / 한국어)
→ 3. 비밀번호 입력
→ 4. 거래 선택 [출금]
→ 5. 금액 입력
→ 6. 영수증을 원하십니까? (예 / 아니요)
잠시 기다려 주세요...

오류가 발생했습니다. 오류 메시지를 확인해 주세요.
잔액을 확인하세요.

A: 이상하네.

A: 다른 기계에서 해 봐야지.

A: 다행이다!

P: 무엇을 도와드릴까요? / A: 신고하러 왔어요.

P: 무슨 일이 있었는지 알려 주세요. /
A: 저는 일본어를 못해요. 저는 한국인이에요.

韓国語(かんこくご)がわかる人(ひと)がいますか?

캉꼬꾸고가 와까루 히또가 이마스까?

すみませんが、いません。

스미마셍가, 이마셍.

大使館(たいしかん)に連絡(れんらく)をお願(ねが)いします。

다이시깐니 렌라꾸오 오네가이시마스.

Tip. 파출소에 간다면?

자세한 상황을 일본어로 정확하게 설명하기 어렵다면, 통역을 부탁하거나 대사관에 연락해 달라고 하세요. 어설프게 설명하면, 오히려 문제가 심각해질 수 있습니다.

A: 한국어 하는 분이 있어요? /
P: 죄송하지만, 없습니다.
A: 대사관에 연락해 주세요.

+ 추가 표현 +

➔ 누군가에게 신고를 요청할 때

경찰을 불러 주세요.

警^{けいさつ}察を呼^よんでください。

케-사쯔오 욘데 쿠다사이.

➔ 대사관 또는 통역사의 도움이 필요할 때

여권을 잃어버렸어요.

パスポートをなくしました。

파스포-토오 나꾸시마시따.

한국 대사관에 연락해 주세요.

韓^{かんこく}国大使館^{たいしかん}に連絡^{れんらく}をお願^{ねが}いします。

캉꼬꾸 타이시깐니 렌라꾸오 오네가이시마스.

한국어 통역사 불러 주세요.

韓^{かんこくご}国語の通訳^{つうやく}を呼^よんでください。

캉꼬꾸고노 츠-야꾸오 욘데 쿠다사이.

Jpn

↻

Kor

184

➜ 전화기를 쓰고 싶을 때

전화를 하고 싶어요.

電話を使わせてください。

뎅와오 츠까와세떼 쿠다사이.

➜ 신고할 때

폭행 사건 피해 신고하러 왔어요.

暴行 事件の被害届けにきました。

보ー꼬ー 지껜노 히가이 토도께니 키마시따.

_ 強盗 고ー또ー 강도

_ 窃盗 셋또ー 절도

_ スリ 스리 소매치기

_ 交通事故 코ー쯔ー지꼬 교통사고

_ ひき逃げ 히끼니게 뺑소니 사고

가방을 도둑맞았어요.

カバンを盗まれました。

카방오 누스마레마시따.

今すぐお医者さんに診てもらいたいです。
救急患者です。

이마 스구 오이샤산니 미떼모라이따이데스. 큐-뀨- 칸쟈데스.

さきにこれを書いてください。

사키니 코레오 카이떼 쿠다사이.

問診票
1. 年齢:
2. 血液型:
3. 持病:
4. 女性だけ:

J: 지금 바로 의사 선생님을 만나고 싶은데요. 응급 환자입니다.

N: 우선 이것을 작성해 주세요.

Tip. 병원은 반드시 예약!

일본의 병원은 응급이 아닌 이상 예약제로 진료합니다. 여행객의 경우 진료를 받으려면 응급실을 찾아가세요.

〈 문진표 〉

ねんれい
1. 年齢 넨레– 나이

けつえきがた
2. 血液型 케쯔에끼가따 혈액형

じびょう
3. 持病 지뵤– 지병

こうけつあつ
_ 高血圧 코–께쯔아쯔 고혈압

とうにょう
_ 糖尿 토–뇨– 당뇨

ぜんそく
_ 喘息 젠소꾸 천식

しんぞうびょう
_ 心臓病 신조–뵤– 심장병

ほか
_ その他 소노 호까 기타

じょせい
4. 女性だけ 죠세–다께 여성인 경우만

にんしんちゅう
妊娠中 닌신쮸– (はい 하이 / いいえ 이–에)

임신 중 (예 / 아니요)

くすり の
5. 薬を飲んでいますか? 쿠스리오 논데이마스까?

(はい 하이 / いいえ 이–에)

복용하는 약이 있습니까? (예 / 아니요)

えら   ばあい   しょうさい きにゅう   ねが
はいを選んだ場合、ここに詳細の記入をお願いします。

하이오 에란다 바아이, 코꼬니 쇼–사이노 키뉴–오 오네가이시마스.

'예'를 선택한 경우, 여기에 상세한 내용을 기입해 주세요.

だいじょうぶ
大丈夫ですか?

다이죠−부데스까?

あたま
いいえ、頭がいたいです。

이−에, 아따마가 이따이데스.

ねつ　で
熱が出ますか?

네쯔가 데마스까?

かぜ
はい、風邪のようです。

하이, 카제노 요−데스.

J: 괜찮아요? / A: 아니요, 머리가 아파요.

J: 열 나요? / A: 네, 감기인 거 같아요.

188

J: 언제부터요? / A: 어제부터요. / J: 드러그스토어에 갑시다.

P: 안녕하세요. / A: 머리가 아파요. (열이 나요./ 배가 아파요./ 벌레에 물렸어요.)

P: 이거 하루에 세 번 드세요.

J: 몸조심해요. / A: 고마워요.

+ 추가 표현 +

➜ 병원에서 유용한 단어

_ あせ 아세 땀

_ せき 세끼 기침

_ さむけ 사무께 한기

_ 嘔吐 ^{おうと} 오–또 구토

_ 下痢 ^{げり} 게리 설사

_ アザ 아자 멍

_ 血 ^ち 치 피

_ 出血 ^{しゅっけつ} 슉께쯔 출혈

_ きず 키즈 상처, 흉터

_ 血圧 ^{けつあつ} 케쯔아쯔 혈압

_ マヒ 마히 마비

_ 手術 ^{しゅじゅつ} 슈쥬쯔 수술

_ 注射 ^{ちゅうしゃ} 츄–샤 주사

➜ 드러그스토어(약국)에서 유용한 단어

_ 鎮痛剤 ^{ちんつうざい} 친쯔–자이 진통제

_ 軟膏 ^{なんこう} 낭꼬– 연고

_ 解熱剤 ^{げねつざい} 게네쯔자이 해열제

_ 消化剤 ^{しょうかざい} 쇼–까자이 소화제

_ 絆創膏 ^{ばんそうこう} 반소–꼬– 반창고

_ 消毒薬 ^{しょうどくやく} 쇼–도꾸야꾸 소독약

_ 救急箱 ^{きゅうきゅうばこ} 큐–뀨–바꼬 구급상자

_ 処方箋 ^{しょほうせん} 쇼호–셍 처방전

191

➜ 병원 접수대에서

예약하지 않았는데요.
予約してないんですが。
<ruby>よやく</ruby>
요야꾸 시떼나인데스가.

보험 가입했습니까?
保険は入っていますか?
<ruby>ほけん</ruby> <ruby>はい</ruby>
호껭와 하잇떼 이마스까?

➜ 증상 & 통증 정도 말하기

일본어로 설명할 수 없어요.
日本語で説明ができません。
<ruby>にほんご</ruby> <ruby>せつめい</ruby>
니홍고데 세쯔메ー가 데끼마셍.

배가 아파요.
お腹がいたいです。
<ruby>なか</ruby>
오나까가 이따이데스.

_ め 메 눈   _ はな 하나 코

_ みみ 미미 귀   _ は 하 이

_ のど 노도 목   _ あし 아시 다리

조금 / 엄청 아파요.

すこし / とてもいたいです。
스꼬시/토떼모 이따이데스.

➔ 약 복용과 효능에 대해서

복용법을 알려 주세요.

飲み方を教えてください。

노미까따오 오시에떼 쿠다사이.

(이거 먹으면) 졸리지 않나요?

眠くなるんですか?

네무꾸나룬데스까?

부작용 없나요?

副作用はありませんか?

후꾸사요-와 아리마셍까?

식후에 드세요.

食後に飲んでください。

쇼꾸고니 논데 쿠다사이.

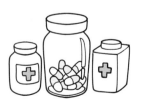

즐기자! 휴일 & 축제

- **설날** お正月(しょうがつ) 오쇼-가쯔 **1월 1일**

일본의 법정 휴일은 1월 1일 하루뿐이지만 모든 회사와 기관들은
관례상 연초의 일주일 정도 쉽니다. 이 시즌에는 백화점 등이
初売り(はつう) 하쯔우리라는 대대적인 할인 행사를 합니다. 쇼핑을 목적으로
이 시즌에 방문한다면 정가보다 대폭 저렴하게 구매할 수 있어요.

- **골든 위크** ゴールデンウィーク 고-르뎅위-크 **5월 중**

5월 중 공휴일이 몰린 주를 '골든 위크'라고 하고, 모든 회사와
기관들이 관례상 공휴일의 전후를 쉽니다. 이 기간에는 많은
일본인들이 이동하기 때문에 공항과 도로가 매우 붐빕니다.
골든 위크에는 특별한 이벤트 등도 많이 열리니 정보를 잘 수집해서
일본 여행을 120% 즐겨 보세요.

- **추석** お盆(ぼん) 오봉 **8월 15일**

한국의 추석에 해당하는 명절인 오봉. 정확한 날짜는 8월 15일이지만
이날을 전후로 전국에서 수많은 축제가 열립니다. 일본 전통의 축제
문화를 체험하고 싶다면 이때 여행을 가면 좋습니다.

- **핼러윈** ハローウィン 하로–윈 **10월 31일**

  영미권의 핼러윈이 일본에 와서 또 새로운 모습으로 태어납니다.
  젊은이들이 변장을 하고 시부야역의 스크램블 교차로에 모여서
  신나게 즐기는 모습은 이제 일본의 유명한 볼거리가 되었습니다.

- **성탄절** クリスマス 쿠리스마스 **12월 25일**

  일본은 기독교 국가는 아니지만, 크리스마스가 다가오면 거리
  전체가 낭만적인 불빛 일루미네이션으로 장식되어 분위기를
  한껏 돋웁니다. 또 크리스마스와 관련된 상품 판매 및 이벤트가
  마련되어 크리스마스 느낌이 물씬 납니다.
  일본의 젊은이들은 핼러윈을 '친구들과 즐기는 날', 크리스마스를
  '연인과 즐기는 날'이라고 인식하며 즐깁니다.

8

기초 표현
基本表現
<small>きほんひょうげん</small>

A: 안녕하세요. 잘 지내요?

J: 잘 지내요. 당신은요? / A: 좋아요.

198

A: 잘 가! / J: 또 보자!
A: 조심해요! / J: 연락해요!

J: 나는 진입니다. 성함이? / A: 아이입니다.

J: 어디 출신이에요? / A: 한국이요.

A: 무슨 일 해요? / J: 엔지니어예요. 당신은요?

A: 학생이에요. (직장인)

A: 고마워요. / J: 별말씀을요.

A: 덕분입니다. / J: 아니요, 저야말로.

J: 도움이 되었어요! / A: 언제든 말씀하세요.

A: 친절에 감사해요. / J: 뭘요.

A: 늦었네요. 죄송합니다. / J: 괜찮습니다.

A: 미안합니다.

J: 제가 나빴어요. / A: 아니에요.
J: 제 탓이에요. / A: 괜찮습니다.

しつれい
失礼します。

시쯔레-시마스.

ちょっと待って
ください ね。

춋또 맛떼 쿠다사이네.

はい、どうぞ。

하이, 도-조.

てつだ
手伝ってもらえますか?

테쯔닷떼 모라에마스까?

A: 실례합니다. / J: 잠시만요.

J: 네, 말씀하세요. / A: 도와줄 수 있어요?

206

J: 부탁 좀 해도 될까요... / A: 네, 그럼요.

J: 한 번 더 말해 주시겠어요? / A: 알겠습니다.

韓国に行きます。

캉꼬꾸니 이끼마스.

すみません、
もう一回お願いします。

스미마셍, 모ー 익까이 오네가이시마스.

だから韓国に行くんです。

다까라 캉꼬꾸니 이꾼데스.

ああ、
わかりました。

아ー, 와까리마시따.

J: 한국에 가요. / A: 실례지만, 한 번 더 말해 주세요.

J: 그러니까 한국에 간다고요. / A: 아, 알았습니다.

A: 정말이에요? / J: 네.

A: 거짓말이죠. / J: 진짜예요.

A: 오! 즐겁게 다녀오세요.

네! / 대단해! / 굉장해! / 멋져! / 좋아!

아냐! / 싫어! / 곤란해! / 어떡하지! / 난감해!

[**숫자** 数字(すうじ) 스-지]

1	2	3	4	5
いち	に	さん	よん/し	ご
이찌	니	상	용/시	고

6	7	8	9	10
ろく	なな/しち	はち	きゅう/く	じゅう
로꾸	나나/시찌	하찌	큐-/쿠	쥬-

11	12	13
じゅういち	じゅうに	じゅうさん
쥬-이찌	쥬-니	쥬-상

14	15	16
じゅうよん/ じゅうし	じゅうご	じゅうろく
쥬-용/쥬-시	쥬-고	쥬-로꾸

17	18	19
じゅうなな/ じゅうしち	じゅうはち	じゅうきゅう
쥬-나나/쥬-시찌	쥬-하찌	쥬-뀨-

20	30	40
にじゅう	さんじゅう	よんじゅう/ しじゅう
니쥬-	산쥬-	욘쥬-/시쥬-

50	60	70
ごじゅう	ろくじゅう	ななじゅう/ しちじゅう
고쥬-	로꾸쥬-	나나쥬-/시찌쥬-

80	90	100
はちじゅう	きゅうじゅう	ひゃく
하찌쥬-	큐-쥬-	햐꾸

1000	10000
いっせん/せん	いちまん/まん
잇셍/셍	이찌망/망

첫 번째	두 번째	세 번째	네 번째	다섯 번째
ひとつ	ふたつ	みっつ	よっつ	いつつ
히또쯔	후따쯔	밋쯔	욧쯔	이쯔쯔

여섯 번째	일곱 번째	여덟 번째	아홉 번째	열 번째
むっつ	ななつ	やっつ	ここのつ	とお
뭇쯔	나나쯔	얏쯔	코꼬노쯔	토-

[돈 お金 오까네]

- 일본 화폐 단위: 円 엥

- 지폐 紙幣 시헤-

천 엔	2천 엔	5천 엔	만 엔
1000円	2000円	5000円	10000円
셍엥	니셍엥	고셍엥	이찌망엥

- 동전 硬貨 코-까

1엔	5엔	10엔	50엔	100엔	500엔
1円	5円	10円	50円	100円	500円
이찌엥	고엥	쥬-엥	고쥬-엥	햐꾸엥	고햐꾸엥

[날짜 日付 _{ひづけ} 히즈께]

일요일	월요일	화요일	수요일
にちようび **日曜日** 니찌요-비	げつようび **月曜日** 게쯔요-비	かようび **火曜日** 카요-비	すいようび **水曜日** 스이요-비
	목요일	금요일	토요일
	もくようび **木曜日** 모꾸요-비	きんようび **金曜日** 킹요-비	どようび **土曜日** 도요-비

1월	2월	3월	4월
いちがつ **一月** 이찌가쯔	にがつ **二月** 니가쯔	さんがつ **三月** 상가쯔	しがつ **四月** 시가쯔
5월	6월	7월	8월
ごがつ **五月** 고가쯔	ろくがつ **六月** 로꾸가쯔	しちがつ **七月** 시찌가쯔	はちがつ **八月** 하찌가쯔
9월	10월	11월	12월
くがつ **九月** 쿠가쯔	じゅうがつ **十月** 쥬-가쯔	じゅういちがつ **十一月** 쥬-이찌가쯔	じゅうにがつ **十二月** 쥬-니가쯔

[**시간** 時間 지깡]

1시	2시	3시	4시	5시	6시
いちじ	にじ	さんじ	よじ	ごじ	ろくじ
一時	二時	三時	四時	五時	六時
이찌지	니지	산지	요지	고지	로꾸지

7시	8시	9시	10시	11시	12시
しちじ	はちじ	くじ	じゅうじ	じゅういちじ	じゅうにじ
七時	八時	九時	十時	十一時	十二時
시찌지	하찌지	쿠지	쥬-지	쥬-이찌지	쥬-니지

1분	2분	3분	4분	5분
いっぷん	にふん	さんぷん	よんふん	ごふん
一分	二分	三分	四分	五分
입뿡	니훙	삼뿡	용훙	고훙

6분	7분	8분	9분
ろっぷん	ななふん	はちふん	きゅうふん
六分	七分	八分	九分
록뿡	나나훙	하찌훙	큐-훙

10분	20분	30분	40분	50분
じゅっぷん	にじゅっぷん	さんじゅっぷん	よんじゅっぷん	ごじゅっぷん
十分	二十分	三十分	四十分	五十分
쥬-ㅂ뿡	니쥬-ㅂ뿡	산쥬-ㅂ뿡	욘쥬-ㅂ뿡	고쥬-ㅂ뿡

6월 9일 목요일, 3시 36분

ろくがつ ここのか もくようび、 さんじ さんじゅうろっぷん
六月 九日 木曜日、三時 三十六分

로꾸가쯔 코꼬노까 모꾸요-비, 산지 산쥬-록뿡

10월 14일 월요일, 12시 10분

じゅうがつじゅうよっか げつようび、 じゅうにじ じゅっぷん
十月 十四日 月曜日、十二時 十分

쥬-가쯔 쥬-욕까 게쯔요-비, 쥬-니지 쥬-ㅂ뿡

215

01 # **カフェで**

p. 16

A: カフェラテください。

C: サイズは? / A: スモールで。

C: 他_{ほか}には? / A: 大丈夫_{だいじょうぶ}です。

C: こちらでお召_めし上_あがりですか? / A: いいえ、もちかえります。

C: お名前_{なまえ}は? / A: 愛_{あい}です。

02 # **ブランチを注文_{ちゅうもん}する**

p. 20

A: 一人_{ひとり}です。 / W: お待_まちください。こちらです。

W: 飲_のみ物_{もの}は? / A: 大丈夫_{だいじょうぶ}です。

W: 注文_{ちゅうもん}しますか? / A: まだです。

A: すみません!

A: これ、ください。

W: こちらです。 / A: ありがとう。

W: いかがですか? / A: おいしいです。

W: お下_さげしましょうか? / A: はい。

W: 他_{ほか}にはありませんか? / A: 大丈夫_{だいじょうぶ}です。お会計_{かいけい}お願_{ねが}いします。

03 # 定食屋で

p. 26

W: いらっしゃいませ。空いている席へどうぞ。

J: お願いします。/ W: はい、どうぞ。

J: 唐揚げ定食ひとつください。/ W: かしこまりました。

04 # うどん＆そばのお店で

p. 28

W: いらっしゃいませ。/ A: こんにちは。

W: こちらへどうぞ。/ A: どうも。

A: 注文お願いします。

A: きつねうどんひとつください。

W: はい、他には? / A: コーラをお願いします。

05 # 寿司屋さんで　　　　　　　　　　　　　　　　　　　　p. 32

J: おすすめありますか? / W:「季節のセット」おすすめですよ。/

J: それをふたつください。

W: お飲み物はいかがですか? / J: 生ビールをふたつください。

06 # ファーストフード店で　　　　　　　　　　　　　　p. 34

C: ご注文はいかがなさいますか? / J: チーズバーガーください。

C: セットメニューはいかがですか? / J: いいえ。

C: お飲み物は? / J: コーラください。

C: サイドメニューは? / J: アップルパイください。

C: 5分かかります。 / J: はい。

C: お持ち帰りですか? / J: ここで食べます。

C: 750円です。 / J: カードでお願いします。

C: お飲み物はセルフセルフサービスです。

p. 38

07 # **ステーキを注文する**

J: 何を食べますか? / A: ステーキとワイン。

J: わかりました。すみません!

W: はい、どうぞ。/

J: ミックスサラダひとつとステーキふたつお願いします。

W: ドレッシングは? / J: 何がありますか?

W: シーザー、フレンチ、和風ドレッシングあります。/

J: 和風ドレッシングをください。

W: 焼きかげんは? / J: ミディアムレアで。/ A: 私も。

W: 他には? / J: ハウスワインをグラスでふたつ。

W: 赤ですか、白ですか? / J: 赤で。

W: おかわりはいかがですか? / A: いいえ、けっこうです。

W: デザートはいかがですか? / A: 大丈夫です。

p. 44

08 # **居酒屋で**

J: すみません。
　　おすすめの日本酒二合と焼き鳥5本盛り合わせください。

W: 熱燗と冷酒がありますが。/ A: 熱燗でお願いします。

09# ビール＆カクテルを注文する

J: 生ビールありますか? / B: あります。

B: 黒ビールもありますが。/ J: 黒ビールで。

A: カクテルは何がありますか? / B: メニューになります。

A: モヒートお願いします。/ B: かしこまりました。

J: ビールお代わりください。/ A: これは私がお会計します。

J: 私がおごりますよ。/ A: ありがとうございます。

J & A: カンパイ!

10# 食事を予約する

p. 50

・予約する
・日付 / 時間 / 人数
・お名前 / ふりがな / 連絡先 / メールアドレス - その他
・予約完了
・予約確認

W: 予約はされましたか? / A: いいえ。

W: ただいま満席です。/ A: 待ちます。

W: テーブル席ですか、カウンター席ですか? / A: テーブル席で。

A: どれくらい待ちますか? / W: 30分ほどです。

11 # シムカード購入　<ruby>購入<rt>こうにゅう</rt></ruby>

p. 58

J: シムカードを買いたいんですが。/

C: はい、プランを選んでください。

J: 十日くらい使いたいんですが、おすすめはありますか? /

C: こちらはいかがですか? 制限なしのお得なプランですよ。

J: いくらですか? / C: 6000円です。

J: それをください。/

C: かしこまりました。身分証をお願いします。

12 # Wi-Fiを使う

p. 60

A: 無料ワイファイはありますか? / C: もちろんです。

A: いっぱいありますね。どれですか? / C: CAFE-FREEです。

A: ワイファイのパスワードは何ですか? /

C: レシートに書かれております。

A: つながった!

A: 電波が弱いですね。

A: このワイファイは本当に遅い!

A: やばい! つながらなくなった。

13 # ソーシャルネットワークサービスをする p.64

A: フェイスブックのアカウントはありますか? / J: ありますよ。

J: セルフィーとかアップしてますね。 / A: いいですね。

A: フェースブック「友達になる」、お願いします。

J: 名前は何ですか? / A: 愛です。

J: 探してみます。

J: これですか? / A: はい、私です。

J: フォローしましたよ。 / A: ありがとう。

A: 私もします。 / J: 受け取りました。よろしくね。

14 # 写真を撮る p.68

A: あの…すみません。写真をとってもらえませんか? /

P: 大丈夫ですよ。

A: 後ろがよくみえるようにお願いします。 / P: わかりました。

A: ちょっとぶれていますね。

A: もう一枚お願いしてもいいですか? / P: いいですよ。

A: ありがとうございます。

222

p. 72

15 # 電話をする

J: もしもし、どなたですか? / A: もしもし、愛です。
J: お! これがあなたの電話番号ですか? / A: そうですね。

p. 74

16 # 充電器を借りる

A: バッテリーがあまりないな。
A: 充電器とか持ってる? / J: はい。
A: コンセントはどこにありますか? / J: あっち。
J: 着信が三件もあった。いかなきゃ。
A: ちょっと待って、これ、どう返せばいい? / J: 連絡して。

p. 76

17 # グーグルマップを使う

A: ここはどこだ?
A: すみません。新宿駅はどこですか? / P: 私もここ初めてなので…
P: ちょっと待っててくださいね。ここから近いみたいです。/
A: よかった!
P: 横断歩道까지まっすぐ行って。
P: そしてすぐ左です。

223

18＃ 服屋で ふくや

p. 82

S: 何かお探しですか? なに さが / A: いいえ、見ているだけです。 み

A: これ、しろもありますか? / S: はい、サイズは?

A: エムです。

A: 着てみてもいいですか? き / S: 大丈夫ですよ。 だいじょうぶ

A: 試着室はどこですか? しちゃくしつ / S: こちらへどうぞ。

19＃ 靴屋で くつや

p. 84

S: 何かお探しですか? なに さが / J: スニーカーです。

S: こちらはいかがですか? / J: いいかも!

J: 27センチはありますか? / S: 在庫がありませんでした。 ざいこ

S: 26センチを履いてみますか? は

J: 大丈夫ですね。 だいじょうぶ

224

20 # 化粧品のお店で

p. 86

A: 化粧水を探していますが。

A: おすすめはありますか? / S: これです。

A: オイリー肌何ですが、大丈夫ですか? /

S: はい。オールスキンです。

A: お試し用はありますか? /

S: はい、このテスターをお使いください。

S: いかがですか? / A: ちょっとベタベタしますね。

21 # 会計する

p. 90

A: カウンターはどこですか? / S: 下の階です。

C: 13000円になります。

A: カード、できますか? / C: はい。

C: 暗証番号をお願いします。

C: サインをお願いします。

C: レシートになります。

22 # キャンセル＆交換する<ruby>交換<rt>こうかん</rt></ruby>する   p. 92

J: これ、キャンセルしたいんですが。

C: レシートをお<ruby>願<rt>ねが</rt></ruby>いします。/ J: はい、どうぞ。

C: これはセール<ruby>商品<rt>しょうひん</rt></ruby>でした。

C: <ruby>払<rt>はら</rt></ruby>い<ruby>戻<rt>もど</rt></ruby>しはできません。

J: ここにキズがあるんですよ。/ C: うーむ…

J: <ruby>交換<rt>こうかん</rt></ruby>したいです。

C: <ruby>他<rt>ほか</rt></ruby>の<ruby>商品<rt>しょうひん</rt></ruby>を<ruby>持<rt>も</rt></ruby>ってきてください。/ J: ありがとうございます。

23 # オンラインショッピングサービス   p. 96

<ruby>担当者<rt>たんとうしゃ</rt></ruby>さま

お<ruby>世話<rt>せわ</rt></ruby>になっております。

<ruby>私<rt>わたし</rt></ruby>の<ruby>名前<rt>なまえ</rt></ruby>は<ruby>愛<rt>あい</rt></ruby>です。オーダーナンバーは12345です。

<ruby>壊<rt>こわ</rt></ruby>れている<ruby>商品<rt>しょうひん</rt></ruby>が<ruby>届<rt>とど</rt></ruby>きました。

<ruby>返品<rt>へんぴん</rt></ruby>と<ruby>払<rt>はら</rt></ruby>い<ruby>戻<rt>もど</rt></ruby>しをお<ruby>願<rt>ねが</rt></ruby>いします。

<ruby>商品<rt>しょうひん</rt></ruby>の<ruby>写真<rt>しゃしん</rt></ruby>を<ruby>添付<rt>てんぷ</rt></ruby>します。

ご<ruby>確認<rt>かくにん</rt></ruby>よろしくお<ruby>願<rt>ねが</rt></ruby>いいたします。

ご<ruby>返信<rt>へんしん</rt></ruby>お<ruby>待<rt>ま</rt></ruby>ちしております。

<ruby>愛<rt>あい</rt></ruby>

24 # バス&電車に乗る

p. 102

A: バス停はどこですか? / P: ここから200メートルくらいです。

A: こっちですか? / P: はい。

A: 新宿に行けますか? / P: 乗り換えが必要ですね。

A: 一番良い行き方は何ですか? / P: 地下鉄ですね。

A: 地下鉄の駅はどこですか? / P: 一番近い駅…

P: あの角を曲がったところにあります。

A: 新宿駅まで一枚ください。

A: 新宿方面はどこですか? / P2: 反対側です。

25 # タクシーに乗る

p. 106

D: どちらへ行きますか? / J: 市役所までお願いします。

D: シートベルトをしてください。

J: 混んでる!

J: どれくらいかかりますか? / D: 20分くらいです。

J: ここで降ります。

J: ありがとうございました。

227

26 # 新幹線に乗る   p. 108

A: 新大阪ゆき、一枚お願いします。

T: いつですか? / A: 明日の午後3時ごろです。

T: 15時15分発がありますね。

A: 乗り換えはありますか? / T: いいえ。

A: いくらですか? / T: 指定席ですか、グリーン席ですか?

A: 一番安いのでお願いします。

T: 片道ですか、往復ですか? / A: 片道です。

T: 12000円です。 / A: 一枚お願いします。

A: 学割はできますか? / T: 10パーセント割引になります。

A: どこで乗ればいいですか? / T: 5番線ですね。

27 # レンタカーを利用する   p. 112

J: インターネットで予約しました。これが予約書です。

S: パスポートと免許証をお願いします。

S: 内容を確認してサインしてください。

J: オートマチック、ガソリン、カーナビ、基本保険。
間違いないですか?

S: はい、ノン・オペレーションチャージは50000円になります。
免責補償は一日に1000円です。

J: ふーむ。それは大丈夫です。 / S: 30000円になります。

S: 車のあるところまで案内します。

228

28 # ガソリンスタンドで p. 118

A: 5番で入れようかな。

A: 窓を拭こう。

カードの差し込み＆取り出し

→ 暗証番号入力

→ ガソリンの選択(一般車はレギュラー)

→ ノズルを取り出し

→ ガソリン入れ

→ レシート

29 # 博物館＆美術館で p. 124

G: カバンの中を見せてください。

A: 大人一枚ください。オーディオガイドもお願いします。

A: 無料ですか? / C: いいえ、1000円です。

A: はい、ここで払いますか? /

C: はい、そして2階で受け取ってしてください。

S: 中国人ですか? / A: いいえ、韓国人です。

S: 失礼しました。言語を選んでください。 /

A: 韓国語でお願いします。

S: 身分証をお願いします。

J: このショー、今晩ここでやりますか? / S: はい。

J: 入ってもいいですか? / S: まだです。10分後にきてください。

S: チケットをお願いします。

S: 上の階です。/ J: クロークはありますか?

S: あそこです。/ J: あ、ありがとうございます。

S2: コートひとつですか? / J: はい。

S2: こちらが控えになります。

J: すみません。私の席何ですが。/ W: 席の番号を教えてください。

J: H7ですね。/ W: ここはG7ですよ。

J: 失礼しました。/ W: いいえ。

J: これは何の列ですか? / P: スタジアムの列ですよ。

J: チケットカウンターはどこですか? / P: あちらです。

J: 並んでますか? / P2: はい。

J: 大人一枚お願いします。/ T: 席の指定はありますか?

J: ありません。前の方で見たいんですが。

T: どのチームですか? / J: ジャイアンツです。3000円以下で。

T: 満席ですね。今は2階の席しかないです。

J: いくらですか? / T: 2100円です。

J: わかりました。一枚ください。

32 # **空港＆荷物**　くうこう　にもつ   p. 140

C: パスポートをお願いします。ねが

C: 荷物はいくつですか? / A: ひとつです。にもつ

C: ここにカバンをのせてください。

C: カバンの中にバッテリーはありませんか? / A: ありません。なか

A: 通路側の席をください。 / C: かしこまりました。つうろがわ　せき

C: 72番ゲートから乗ってください。ばん　の

C: 12時20分からオープンします。じ　ぶん

C: 15分前までゲートに行ってください。ふんまえ　い

33 # **機内で**　きない   p. 144

C: 搭乗券をお願いします。とうじょうけん　ねが

C: こちらへどうぞ。

A: ブランケットをお願いします。ねが

C: 牛肉と魚の食事があります。 / A: はい?ぎゅうにく　さかな　しょくじ

C: 牛肉と魚です。 / A: 牛肉でお願いします。ぎゅうにく　さかな　ぎゅうにく　ねが

C: 飲み物はいかがですか? / A: お水をください。の　もの　みず

A: これを下げてください。さ

A: お先にどうぞ。 / P: どうも。さき

231

34 # 乗り継ぎをする

p. 148

A: 乗り継ぎをしたいんですが。 / S: 「乗り継ぎ」のサインの方です。

A: 乗り継ぎはどうすればいいですか? ここで大丈夫ですか? /

S2: はい、こちらのラインです。

A: ゲートはどこだ…? あ、3のCか。

A: えー、遅れてる!

A: 疲れた。

A: すみません、この席は空いてますか? / P: はい。

F: 大阪ゆき、JALの乗客のみなさまにご案内いたします。

35 # 入国審査

p. 152

S: 日本には初めてですか? / A: はい。

S: こちらです。

I: 目的は何ですか? / A: 観光です。

I: どれくらい滞在しますか? / A: 一週間です。

I: 帰りのチケットを見せてください。

I: どこに行く予定ですか? / A: 東京と大阪です。

I: だれと一緒ですか? / A: いいえ、一人です。

I: カメラを見てください。

36 # 税関申告（ぜいかんしんこく） p. 156

C: 申告（しんこく）するものはありますか? / A: いいえ。

C: 食（た）べ物（もの）を持（も）っていますか? / A: いいえ。

37 # *ツアー* p. 158

S: こんにちは。何（なに）かご用（よう）ですか? /

A: シティーツアーを予約（よやく）したいんですが。

S: 今日（きょう）ですか? / A: いいえ、明日（あした）です。

S: 一日（いちにち）ツアーですか? / A: 半日（はんにち）ツアーにします。

A: どれくらいかかりますか? / S: 四時間（よじかん）かかります。

A: いつ始（はじ）まりますか? / S: 午前（ごぜん）8時（じ）と午後（ごご）2時（じ）があります。

S: どちらにしますか? / A: 午後（ごご）2時（じ）にします。

A: ここで予約（よやく）できますか? / S: できます。

A: 明日（あした）の午後（ごご）2時（じ）にここですか? / S: はい、このビルの前（まえ）です。

A: わかりました。

S: この控（ひか）えを忘（わす）れないでください。

p. 162

38 # 温泉で

A: 一人です。/ C: 850円です。

A: タオルは中にありますか? / C: 有料です。400円です。

A: はい、タオル一枚お願いします。

p. 164

39 # ホテルで

J: チェックインをお願いします。/ C: パスポートをお願いします。

C: できました。デポジットを3000円いただいています。

J: 支払いは? / C: カードか現金でお願いします。

C: 朝食は7時から10時までです。

C: レストランは1階にあります。

J: プールはやっていますか? / C: はい。

J: いつまでですか? / C: 夜9時までです。

J: チェックアウトします。/ C: こちらは追加料金になります。

J: 何の料金ですか? / C: ルームサービス代です。

J: わかりました。荷物を預けてもいいですか?

C: もちろんです。いつ戻りますか? / J: 午後3時ごろです。

C: こちらがタグになります。

234

J: すみません。ビールはどこにありますか? /

C: あちらのお菓子^{かし}コーナーのよこにあります。

J: 果物^{くだもの}は? / C: 果物^{くだもの}はありません。

J: わかりました。いくらですか? / C: 340円^{えん}です。

J: レシートは大丈夫^{だいじょうぶ}です、ありがとう。

A: ここに果物^{くだもの}がある。

A: パンがある。

A: 割^わり引^びきだ。

C: ポイントカードはありますか? / A: いいえ。

A: 勘定^{かんじょう}が違^{まちが}っているようですが。/ C: 失礼^{しつれい}しました。

J: いい日本酒^{にほんしゅ}を探^{さが}していますが。/ C: 辛口^{からくち}ですか、甘口^{あまくち}ですか?

J: 甘口^{あまくち}ですね。/ C: これ、おすすめですよ。

J: わかりました。もうちょっとみてみます。

42 # ATMを使う

1. カード挿入
→ 2. 言語選択 (日本語 / 英語 / 韓国語)
→ 3. 暗証番号入力
→ 4. 取引の選択 [お引き出し]
→ 5. 金額入力
→ 6. 明細票を発行する (する / しない)

お待ちください…

エラーが発生しました。エラーコメントをご確認ください。
残高を確認してください。

A: おかしいな。
A: 他のマシンでやってみよう。

A: よかった!

43 # 交番で

P: どうかしましたか? / A: 届け出にきました。
P: 何があったのか教えてください。 /
A: 私は日本語ができません。私は韓国人です。
A: 韓国語がわかる人がいますか? / P: すみませんが、いません。
A: 大使館に連絡をお願いします。

236

44 # 病院で びょういん

p. 186

J: 今すぐお医者さんに診てもらいたいです。救急患者です。

N: さきにこれを書いてください。

1. 年齢

2. 血液型

3. 持病

_ 高血圧

_ 糖尿

_ 喘息

_ 心臓病

_ その他

4. 女性だけ

妊娠中 (はい / いいえ)

5. 薬を飲んでいますか? (はい / いいえ)

はいを選んだ場合、ここに詳細の記入をお願いします。

45 # ドラッグストアで

p. 188

J: 大丈夫ですか? / A: いいえ、頭がいたいです。

J: 熱が出ますか? / A: はい、風邪のようです。

J: いつからですか? / A: 昨日からです。/

J: ドラッグストアに行きましょう。

P: こんにちは。/ A: 頭がいたいです。

P: これを一日に三回飲んでください。

J: おだいじに。/ A: ありがとう。

46 # 挨拶

p. 198

A: こんにちは。お元気ですか?

J: 元気です。あなたは? / A: いいですよ。

A: じゃね! / J: またね!

A: 気をつけてください! / J: 連絡しましょう!

47 # 紹介

p. 200

J: 私は仁です。あなたのお名前は? / A: 私は愛です。

J: どこの出身ですか? / A: 韓国です。

A: お仕事は何ですか? / J: エンジニアです。あなたは?

A: 私は学生です。

48 # お礼

p. 202

A: ありがとうございます。 / J: どういたしまして。

A: おかげさまです。 / J: いいえ、こちらこそ。

J: 助かりました! / A: いつでもどうぞ。

A: 親切にありがとう。 / J: いいえ。

238

49 # お詫び

p. 204

A: 遅くなりました。ごめんなさい。/ J: 大丈夫ですよ。

A: すみません。
J: 私が悪かったです。/ A: いいえ。
J: 私のせいです。/ A: 大丈夫です。

50 # お願い

p. 206

A: 失礼します。/ J: ちょっと待ってくださいね。

J: はい、どうぞ。/ A: 手伝ってもらえますか?

J: お願いがあるんですが… / A: はい、どうぞ。

J: もう一度言ってもらえますか? / A: わかりました。

51 # 確認&答え

p. 208

J: 韓国に行きます。/ A: すみません、もう一回お願いします。

J: だから韓国に行くんです。/ A: ああ、わかりました。

A: 本当ですか? / J: はい。

A: うそでしょう。/ J: 本当ですよ。

A: お一! 楽しんできてくださいね。

はい!

すごい!

すばらしい!

すてき!

いいね!

いや!

きらい!

こまった!

どうしよう!

まいったな!